メンタルトレーニング専門のドクター
辻 秀一 Tsuji Shuichi

感情にふり回されないコツ

イライラ、
クヨクヨ、モヤモヤ……
心が消耗しない
自然体のつくり方

フォレスト出版

はじめに

いやな気分をすぐに手放すコツ

イライラ、クヨクヨ、モヤモヤ……。

日常生活を送っていれば、様々な嫌な感情がわき上がってきて、心が乱れていきます。

メンタルトレーニングを専門とするドクターとして、20年間、心の問題を扱い、パフォーマンスの向上のための仕事をしている私も例外ではありません。

また、仕事も人間関係も、プライベートもうまくいっているというような人でも、心を乱していない人はいません。順風満帆《じゅんぷうまんぱん》にみえる人でも例外ではないのです。

心が整っているときもあれば、乱れているときもある――。これは、人間なら当然のことなのです。

いつでも、いわゆる平常心でいようとしても、それは無理な話です。

つまり、感情が乱れること自体は、あまり気にしなくていいのです。しかし、その乱れが続くことは、あなたにとって大きなデメリットとなります。

「嫌な気分をすぐに手放すコツ」を知ることが大切です。

心が常に安定している必要はありませんが、乱れたらすぐに切り替えて、心の状態を整えなければなりません。

なぜなら、心の乱れは、あなた自身のパフォーマンスの質を下げてしまうからです。

いい仕事ができるのも、いい人間関係を築けるのも、集中して勉強することができるのも……、**何事もパフォーマンスの質にかかっており、心の状態がカギとなります。**

心が整った自然体は誰もが自分でつくれる

私が、一流ビジネスパーソンやアスリート、芸術家に接する中で感じていることは、**「適応力」が高い**ということです。

どんなときにも、どんな状況にも、どんな環境にも、自然体で適応していく柔軟《じゅうなん》な人は、いつでもどこでも自分本来の力を発揮しています。仕事だろうが、人間関係だろうが、勉強だろうが、質の高い時間を過ごしています。

自然体とは、心がとらわれたり、ゆらいでいない整った状態です。

しかし、この**自然体は誰もが自分でつくり出していけるのです。**

そもそも、パフォーマンスとはなんなのでしょうか。

パフォーマンスとは、「何をするのか」という行動の内容と、それを**「どんな感情で行なうのか」という心の状態**、この2つの要素で成り立っています。

実は、これは脳の2つの機能が働いているということでもあります。

行動の内容を決めるのは、脳の認知による機能。**心の状態を整えていくのが脳のライフスキルという機能**です。

人間は、行動の内容を決めていくことは得意ですが、ライフスキルを働かせて、心を自ら整えることがなかなかできません。

これは、ライフスキルを働かせることに慣れていないからです。

人間は、もともと心の状態を整えるスキルを持っているのに、それを使わないことで、心の乱れを整える力が弱まっているだけなのです。

ただし、**コツさえ知れば、誰もがライフスキルを簡単にうまく使いこなすことができます。**この使い方をご紹介するのが本書です。

たとえば、「今、心が乱れているな」と自分の感情に気づくだけでも心の状態は整っていきます。このような脳の使い方が、ライフスキルのひとつです。

自分で自分の感情を乱していることに気づこう

脳の認知機能というと、難しく思うかもしれませんがそうでもありません。大きく2つのことをやっています。

ひとつ目は、外界の変化（出来事、環境、他人の変化）に気づき、自分の行動を決めていくこと。

２つ目は、物事に意味付けをするということです。

たとえば、雨が降ったら憂鬱《ゆううつ》になる人が多いと思いますが、雨とは水が空から降っている現象でしかありません。

つまり、人間は勝手に雨に憂鬱という意味を付けてしまうということです。嫌な仕事、嫌な人というのも同じで、勝手に自分が意味を付けているということです。

つまり、**自分で自分の心を乱しているのです。**

この機能は行動の内容を決めていくので、なくてはならない機能ではありますが、一方で心が乱れる原因にもなります。

そこで、ライフスキルを使うことが必要になるのです。

心を消耗させるのは、もうやめる

自分の心を自分で消耗させるのは、もうやめましょう。

心が乱れてしまうと、余裕がなくなり、つらい毎日を過ごすことになります。

本書では、心の乱れを整えるコツを書きました。そのことにより、自然体をつくり、適応する力も高まる内容になっています。

つまり、脳の２つの機能をバランスよく使うための秘策をわかりやすく紹介しています。

「感情にふり回されないための基礎知識」「心が乱れる時間を減らすコツ」「人生の質を高めるために、最良の選択をするコツ」「心を消耗させないコツ」「嫌なことでも機嫌よくやるコツ」「ストレスのない人間関係をつくるコツ」

私の今までの研究と実践から、誰でもすぐに使えることを厳選しました。気持ちをラクにして、１章から読んでいってください。

辻秀一

感情にふり回されないコツ

Contents

目 次

第1章

〝ややこしく〟考えるから感情にふり回される

シンプルなコツを知り、「状況」と「環境」に適応する人は〝あらゆること〟がうまくいく

第2章

メンタルトレーニング専門のドクターが教える「心が乱れる時間」を減らすコツ

根拠にしがみつかないことで、自分の中にブレない軸ができる!

Contents

第3章

心が整えば、脳は自然に〝自分にふさわしい選択〟をしてくれる

「人生の質」は「選択の質」で決まる！

Contents

第4章 心が疲れない人は、作業をしない人

心を満たし、消耗させない習慣

第5章
いやなことでもご機嫌でやる秘策
「仕事」も「勉強」も……自分次第で本気度は上げられる

Contents

“第6章”

自分も相手も“心がラク”になる人間関係のつくり方

他人に依存するコミュニケーションから自分を解放してあげよう

Contents

プロデュース　森下裕士
カバーデザイン　中西啓一（panix）
ＤＴＰ　佐藤千恵（株式会社ラクシュミー）
素材提供：Droidworker, Tarchyshnik Andrei, alphaspirit, PHOTOCREO Michal Bednarek, arka38, BsWei, Gustavo Frazao, Ditty_about_summer, Ivan Negin, chelovector/Shutterstock.com

第1章

“ややこしく”考えるから感情にふり回される

シンプルなコツを知り、
「状況」と「環境」に適応する人は
“あらゆること”がうまくいく

今日から〝柔軟《じゅうなん》に〟〝しなやかに〟生きる

私は、メンタルトレーニングを専門としたドクターとして、パフォーマンスの向上を目指している人と日々接してきました。

ビジネスパーソン、アスリート、芸術家、音楽家、受験生……。組織としては、企業やスポーツチームなどのサポートも行なっています。

そんな中で、自分の思い描いたレベルの結果をつかむ人と、そうではない人の違いが見えてきました。

仕事、勉強、スポーツなどで、自分のパフォーマンスを最大限に発揮する人、いい人間関係を築ける人、自己実現をしている人には共通点があるのです。

一体その共通点とは、なんなのか——。

それは、**適応力があるということ**です。

状況や環境にうまく適応していける人だけが、自分本来のパフォーマンスを発揮して、欲しい結果を得て、充実した人生を送っています。

一昔前までは、根性や気合でガツガツと頑張っている人が活躍していました。しかし、最近企業やスポーツチームなどでトレーニングやサポートをしていると、組織のトップが欲しがっている人材は、頑張る人より「適応できる人」に変化してきているのを感じます。

これは、私にとっては喜ばしいことでもあります。適応することが重視されるということは、個人の心の部分が大切にされるようになったという証拠だからです。

状況や環境に適応していくためには、心の状態を整えることが必須《ひっす》の条件になります。心の状態がいいから、何事にも適応し、質の高い集中力、行動力が発揮されるのです。

〝頑張る〟より〝適応する〟と考えよう

いやな感情は
すぐに手放すクセをつける

多くの人が状況や環境にうまく順応することができずに、自分本来の能力を発揮できずにいます。

その原因は、心の状態が大きく影響しています。感情にふり回されていれば、様々なデメリットがあるのです。

どんなことでも、いい結果を出すためには、**状況に柔軟《じゅうなん》に対応していく**必要があります。

また、情報のスピードの速い現代では、社会や環境の変化に応じて、うまく**自分を変化させていく**必要もあります。

こういったときに、心の状態が乱れていたらどうでしょうか。

イライラ、クヨクヨなどの乱れた心の状態で、状況に応じて適切に仕事ができるでしょうか。憂鬱《ゆううつ》な気持ちで、新しい環境に飛び込んでいくことはできるでしょうか。

状況や環境に適応していくには、どう考えても心の状態が整っていることが必須の条件になります。

「でも、望ましくない感情や心の状態になるのは、人間ならしかたがない」という声が聞こえてきそうです。

私は、それが悪いことだとは全く思っていません。人間なら、様々な感情がわき起こって当然なのです。一流と呼ばれる人でも、例外なく、感情は乱れるのです。

感情が乱れても、切り替えるクセをつけ、機嫌のいい状態である時間を長くしましょうと私は言いたいのです。

そして、本書では、その方法をお伝えしていきます。

感情が乱れることはあって当然。「では、どうする?」という視点が大事

〝ご機嫌なとき〟と〝不機嫌なとき〟の自分をイメージする驚きの効果

自分が不機嫌なときのことを思い出してみてください。あなたのパフォーマンスはどうでしたか。

いい仕事ができましたか。集中して勉強をすることができましたか。いいコミュニケーションができていましたか。

答えはＮＯだと思います。

どんなことでも、心の状態が整っていなければ、パフォーマンスは下がったはずです。

心の状態が乱れたままで、状況や環境に柔軟に対応していくことは、なかなかできないと言えます。

強く集中しているとき、自分の能力を存分に発揮できたとき、いい人間関係ができたときのことを考えてみると、心が整っていることがわかるはずです。

つまり、心ほどパフォーマンスに影響を与えるものはないのです。しかし、私たちはなかなか心の大切さに気づくことができません。

その理由は、**心は見えないからです。**

行動の内容などは「何をすればいいのか」ということを明確にできますので、大切にすることができます。

心は数値化することも難しいのでおろそかにしてしまいがちです。

しかし、心の状態は行動の質を決めています。この点を多くの人が忘れてしまっているのです。

だからこそ、どんな状況でもパフォーマンスを最大限に発揮するために、感情にふり回されることなく、心の状態を大切にしなければなりません。

"うまくいっているとき"の心の状態を再確認しよう

心は複雑ではない、もっとシンプルに考えよう

多くの人が、心の問題を複雑に考えていますが、実は心の状態は2種類しかありません。

フローか、ノンフローか、この2つしかないのです。

シカゴ大学の心理学教授だったチクセントミハイ博士は、仕事やスポーツに熱中しているときに人に共通して存在する心の状態に気づきました。

その心の状態こそ、フローです。

集中力が抜群で、活動に完璧《かんぺき》に没頭している最高の状態、これがフロー状態です。

心がフロー状態にあるということは、心がゆらいだり、とらわれたりしていない状

態です。

つまり、整った心の状態であれは、レベルの差はあれどフロー状態だと私は考えています。

逆に、心がノンフロー状態にあるとは、心がゆらぎ、とらわれ、感情が乱れている状態になります。

とにかく、レベルに差がありますが、心の状態はフローかノンフローしかないということを覚えておいてください。

私が本書でお伝えしたいのは、ノンフロー状態をフロー状態に切り替え、うまく状況や環境に適応して、どんなときでも最高のパフォーマンスを発揮するコツなのです。

心の状態は〝2つしかない〟と単純に考えよう

コツさえわかれば、心の状態は自分で決められる

仕事も人間関係も勉強も……、なんでも自分のパフォーマンスの質によって満足度に差が出ます。

では、パフォーマンスとは一体なんなのでしょうか。

パフォーマンスとは、**「何をするのか」**という行動の内容と、それを**「どんな感情でするのか」**という心の状態で成り立っています。

つまり、いい心の状態で的確な行動をする人こそ、最高に質のいいパフォーマンスを発揮できるのです。

私が「心の状態を大切にしてください」と、こだわる理由がここにあります。

人は、状況や環境に適応することで、最大のパフォーマンスを発揮していくことができます。

行動の内容は今までの経験や知識など、自分の持っている以上のものは出てきません。つまり、過去に蓄積《ちくせき》したものから導き出されるものです。

しかし、心の状態はいつも自分で生み出していけるものです。たとえば、ご機嫌に仕事をするということは自分次第でいつでも可能なのです。

ですから、一流と呼ばれる人ほど、メンタルを大事にするのです。

物事に向かうときには、行動の内容は過去の積み重ねから引き出していくのですが、心の状態は今その瞬間に自分次第でどうにでもできるのです。

だからこそ、パフォーマンスを行なうときは、心の状態に気をつけてほしいのです。

パフォーマンスとは、仕事の質や、勉強の効率・効果、スポーツの能力の発揮具合、人間関係のレベル、家事がはかどる……など、あらゆることに関係しています。

人生の質は、自らのパフォーマンスの質にかかっています。

多くの人は、何をするのかということを考えることには長《た》けています。また、書籍

でもセミナーでも、その部分のスキルを上げる方法については情報が莫大《ばくだい》に出回っています。心の部分の重要さを教えてくれるものよりは、圧倒的に世の中に情報があるのです。

これを考えてみても、多くの人が心をあまり重視できていない、ということがわかると思います。

物事に向かっている最中にできることは、心のレベルを上げることなのです。ここをおろそかにしてしまうのが、私にはとても残念でなりません。

心の状態はコツさえつかめば、誰もがいつでも自分で切り替えることができます。

行動の内容は自由ではなくても、心の状態は自由に決められる

あなたの中には「心を整える技」がすでに備わっている

パフォーマンスは、2つの脳の機能を使って行なっています。

行動の内容を決めているのは、脳の認知機能です。

そして、心の状態を整えるのがライフスキルという脳の機能です。

多くの人が、認知の機能を激しく使い、ライフスキルをあまり使っていないことで、パフォーマンスの質を下げてしまっています。

この2つの機能は両方バランスよく使うことで、脳の機能全体が上がるのです。つまり、自分本来の力を存分に発揮できるということです。

車を考えてもらえばわかると思いますが、片側の車輪だけ正常で、もう片側の車輪

がパンクしていれば、車のスピードは出にくくなりますし、しっかり走ることができません。

行動の内容を決めるときにも、心の状態が整っているほうが、はるかにレベルの高いものを考えることができるのです。なぜなら、脳機能全体が高まるので、自分の持っている情報を引き出す能力も高まるからです。

多くの人が、行動の内容ばかりに意識がいってしまい、心の状態をおろそかにしています。これでは、パフォーマンスの質も落ちてしまうということを忘れないでください。

物事を行なうときは、認知機能とライフスキルの両輪をバランスよく回す。これがハイパフォーマンスの秘訣《ひけつ》になります。

この両輪をバランスよく回すことをバイブレインと言います。バイリンガルの人が2カ国語を使いこなすようなイメージを持っていただければいいでしょう。

ハイパフォーマーは、バイブレインな人なのです。

人は誰もが2つの脳機能を使いこなすことができる

自分で〝コントロールできること〟を大切にしよう

「一流は結果にこだわる」

こうよく言われていますが、それは実は正しくありません。

「一流は、自分の持っている能力を最大限に発揮することにこだわる」

これが正しいように思います。一流と呼ばれるビジネスパーソンやアスリート、芸術家と接してわかったことです。

なぜなら、結果はコントロールすることができないからです。

結果とは、運や他人、パフォーマンスなど、いろいろな要素がからみ合ってでき上がっています。つまり自分以外の多くの因子、他の因子によってできるものなのです。

たとえば、ビジネスであれば、開発した商品が時代のニーズにたまたま合ってヒットすることもあります。はたまた、すばらしい商品をつくろうとしても、チームのメンバーが大きなミスを起こせば世に出すことすらできません。

結果をつくる上であなたがコントロールできることは、実は自分のパフォーマンスの質以外にはないのです。

当然ですが、運に頼ったり、他人に頼っていてもしかたがないのです。

自分が物事に向かうときに、結果につながることは、ただひとつ。自分本来の能力を引き出せるかどうか、ということだけなのです。

そして、物事に向かう瞬間、向かっている間にコントロールできることが唯一、自分の心の状態だけなのです。

「あの人は仕事ができるなー」「あの人はいい人間関係をつくるのがうまいなー」という人はみな、心の状態を整え、物事に向かっている人だということです。

“結果のみにこだわるのは二流以下”

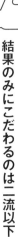

心が乱れる原因は“自分自身の暴走”であることが多い

脳の機能には、２つの機能があることは、ご理解いただけたでしょうか。そして、そのうちのひとつである、認知機能は暴走しやすいのです。

先ほども述べましたが、脳の認知機能は、行動の内容を決めていきますが、ほかにもいろいろと働いています。

出来事、環境、他人からの**情報を収集する**ということもしています。

実は、これが心を乱す原因でもあります。

認知機能は、私たち人間が、まだ小動物として生活していたときから持っている機能です。敵から身を守るために、外の環境に敏感《びんかん》になるための機能でもあるのです。

そういう動きも残しつつ、文明が発展し、人間の生命に危険がなくなった頃から、さらに、**「出来事や物事や他人に意味付けをする」**ようにもなりました。

情報を仕入れ、何をすればいいのかということを明確にしてくれるというメリットもあるのですが、外からの刺激や、意味付けのせいで心を乱す原因もつくってしまうのです。

この認知機能は、放っておくと暴走しやすいので、感情をどんどん乱していきます。だからといって、認知機能はなくてはならない人間の機能でもあります。認知機能がなければ、行動の内容を決められないので、社会生活を送ることができないからです。

認知の暴走を鎮静《ちんせい》化させ、うまく使えていないライフスキルを働かせる、という2つをバランスよく使いこなすことでパフォーマンスの質は上がります。ただ、ライフスキルを使うことは難しいことではなく、誰もが本来持っている機能なのです。

“情報収集能力だけ使ってもうまくいかない”

「雨が降ったら、どんな気持ちになりますか？」

ここで、意味付けについて詳しくお話ししておきましょう。意味付けで心が乱れるのは、なぜなのでしょうか。

あなたは、雨が降ったらどんな気分になりますか。

憂鬱になりませんか。もし、憂鬱になるとすれば、認知機能を暴走させて、心の状態を乱している証拠です。

雨とは、空から水が降っている現象でしかありません。

憂鬱な雨というものは、この世に存在しないのです。

そこに、憂鬱だという意味付けをしているのは自分自身です。意味を付けて、心が

乱れるように自分でしているということです。

意味付けによって、人の心がゆらぎ、とらわれている状態になる仕組みがわかったのではないでしょうか。


「嫌な仕事をすることになったな……」

「今回は、あの苦手な人と交渉しなければならないのか〜」


このようなことを思ったことは、誰もがあるはずです。

これも、先ほどの雨のお話と同じことです。

嫌な仕事というものはこの世に存在しないし、苦手な人というのも存在しないのです。仕事と人に、**自分自身で勝手に意味付けをして、心を乱している**にすぎません。

人の心を乱す大きな原因のひとつは、この意味付けなのです。この意味付けによって、人はノンフローな状態になってしまいます。しかし、これは自分で勝手にやっていることなので、自分自身でフローな状態にすることも可能だということです。

意味付けに気づけば、心はフッと軽くなる

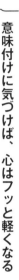

「今、こうなっているな」と気づくだけで心は安定する

では、意味付けなどの認知機能で巻き起こる感情の乱れは、どうすれば克服することができるのでしょうか。

最初の第一歩は、自分の感情に気づくことです。

これが、まずは心の状態をフローに傾けるためのライフスキルのベースとなります。

「今、憂鬱な気分になっているな」

「今、イライラしているな」

こういった、負の感情に気づくことが、何より大事です。

感情に気づくという簡単なことで、心の状態は変化するのです。これが習慣化できれば、自分でいつでも心の状態を切り替えることができます。


では、なぜ「感情に気づくだけ」でフローに傾くのでしょうか。

心の状態が乱れる原因は、外（出来事、環境、他人）に向かって、認知機能が暴走しているからです。

情報を収集したり、意味付けをしているということは、外に思考が引っ張られていると言えます。

外に向かってしまった脳の暴走を鎮静化するには、内側（心）に意識を向けることが一番効果的なのです。感情に気づくことで、2つの脳機能のバランスがよくなります。

だからこそ、心の状態を整えるために、まずすることは気づくことなのです。


外から内に脳の意識を向けさせてあげればいい

いろいろ考えすぎず “ご機嫌さ”をもっともっと優先していい

感情に気づく、という簡単なことなのに、なぜ多くの人ができないのでしょうか。

それは、**心の状態に、価値を見いだせていない**からです。

心が乱れたときに、いち早く切り替えるための原動力は、ご機嫌に対する価値が高いかどうかです。

しかし、ご機嫌に対する価値などと、たいそうなことを言っていますが、ご機嫌なほうが不機嫌より価値が高いに決まっているので、難しく考える必要はありません。

ご機嫌のほうがいい、こう再認識して、何度もそれを実感してください。こんな簡単なことをするだけで、ご機嫌なことの大切さに気づけるはずです。

心が乱れているな、と気づくことでしか、外に向かっている脳の暴走を鎮静化させ、心の状態を切り替えることはできません。
「あの人のせいで」「この仕事のせいで」とやっている間は、脳の機能が外にしか働いていないということです。
「不機嫌になっているな」と気づけたら、外に向かっていた脳の暴走を抑え、同時に内側に向かって脳を働かせることができるので、バランスが整い、心が整うことになります。

心の法則はシンプルです。

外へ向かうのと、内に向かうバランスがよくなれば心は整うのです。ただそれだけなのです。

心にも価値を与えてあげよう

3つのキーワードが心を整えるルーティンになる

自分の感情に気づくというライフスキルは、ここまで読んだあなたには簡単に使うことができるでしょう。とにかく、これはどんなときでも行なってください。反復練習をすることで、習慣化されます。

ライフスキルとは先ほども述べましたが、心の状態を整えるための脳の機能です。

ライフスキルのキーワードは、

「今」

「ここ」

「自分」

です。

これを意識することです。物事に向かうとき、他人と接するときに意識するのです。なぜ、この3つに注目するのかと言えば、これらは安定して自分でコントロールできるものだからです。過去は変えられませんし、未来は不確かです。しかし、「今」は自分でコントロールできます。出来事、環境はコントロールできませんが、目前にきていることを精一杯やることは可能です。他人はコントロールできませんが、自分の心はコントロールできます。

この3つのキーワードに集中することで、心は整った状態へと変化していくのです。

本書では、要所要所で具体的なライフスキルをご紹介しています。

「安定していることはなんなのか？」これに注目する！

“勘どころ”を知っておけば、心はラクになる

この章の最後に、**人の心が乱れる原因となる13の思考**をお伝えします。

認知脳による思考をしたときには、心はノンフローに傾きやすいのです。まずは、このパターンをざっと見ておいてください。自分の感情に気づくためのヒントとなります。

未来思考（不確実さから起こる心の乱れ）
期待思考（勝手な想像からくる心の乱れ）
勝利思考（敗北への不安からくる心の乱れ）
疑念思考（裏切りからくる心の乱れ）
過去思考（新しいことをすることへの恐れからくる心の乱れ）

安定思考（変化への恐れからくる心の乱れ）
獲得思考（喪失《そうしつ》の心配からくる心の乱れ）
帰属思考（孤独からくる心の乱れ）
比較思考（他者から影響される心の乱れ）
評価思考（優劣が気になることからくる心の乱れ）
ポジティブ思考（ネガティブになってはいけないという固定観念からくる心の乱れ）
成功思考（失敗を予想することからくる心の乱れ）
結果思考（不達成への恐れからくる心の乱れ）

これら、出来事、環境、他人に対してしてしまう思考によって、心は乱れることが多いのです。本書では、感情にふり回されることなく、どんな状況でも柔軟に対応し、どんなときでも自分本来のパフォーマンスを発揮するコツをお話ししています。

それでは、具体的に第2章からお話ししていきましょう。

心が乱れるパターンは決まっている

“第2章”

メンタルトレーニング専門のドクターが教える

「心が乱れる時間」を減らすコツ

根拠にしがみつかないことで、
自分の中にブレない軸ができる!

感情がブレない人を支えているものとは？

一流のビジネスパーソンや経営者、アスリートは感情にふり回されないように、**自分の中にブレない軸を持っています**。軸をつくる大きな要素のひとつが自信です。

自分に自信が持てれば、あらゆることに対してパフォーマンスが高まります。また、どんな状況、環境にも気後れせず適応していくことができます。

自信があるときと、自信がないとき、どちらが自分の力をフルに発揮できるかを考えていただければわかるでしょう。

自信をつくることは、実は簡単です。しかし、多くの人が自信をつくることがなかなかできません。

その理由は、自分の出した結果や経験に基づいて、自信をつくろうとするからです。

それらを基にした自信は、大きな自信になることは事実です。しかし、先ほども述べましたが、結果には運の要素や、他人などが影響するので、自分でコントロールすることができませんし、経験を積むには時間がかかります。これでは、いつまでたっても自信を持つことはできません。

また、結果と経験に裏打ちされた自信は、**一見とても役立つように思われますが、実はとてもゆらぎやすいもの**でもあります。

この自信のデメリットは、一生自分を支えるものにならないということです。結果が出なかったときには、その自信はいとも簡単になくなってしまうのです。

だからこそ、数字によって成り立つような自信をつくるのではなく、自分をただただ信じるという本来の自信のつくり方をするべきです。

自分自身に自信を持てれば、どんな状況でも最高のパフォーマンスを発揮できます。

結果などの外的要因からではなく、自分の内面からつくり出す自信はしなやかで折れにくいのです。

自分自身を信じることでつくられた自信は、自分の気持ちがよくなることが最大のメリットです。気持ちがよければ、どんなことにも抵抗なく挑むことができます。外界に関係なく、自分の心の状態に変化を生むことができるのです。

外に頼ることなく、永遠に生み出し続けられる、小さいけれどもゆらぐことのない自信こそがあなたを支えてくれます。「営業成績が１０００人中1位になった」「ワールドカップで優勝した」というような、大きな自信は必要ありません。

自らつくり出す自信は、誰もが持つことが可能なものです。しかも、自分の内側からつくられていくものなので、どんなときでも常に生み出し続けることができます。

結果や経験からできる自信というのは外発的な根拠に基づく自信で、常に外の影響を受けてしまいます。本当の自信とは、自分の内面からつくっていく、自家発電できるものです。私たちは本来そういう自信を持てるはずなのです。

〝いつでも〟〝どこでも〟自家発電できる自信は誰もがつくれる

自信には根拠があってはいけない

では、自家発電型の自信とは、どうすればつくっていけるのでしょうか。

先ほども述べましたが、多くの人が実績や経験などに基づいて自信をつくっていきます。

自信には、根拠が必要だと考えているからです。

多くの人は、自信を持とうとするときに、かえって自分自身を疑うということをしてしまいます。「自分には実績がない」「自分は自信を持っていいレベルには達していない」といった具合にです。

自信のないときは、当然、心の状態も不安定になります。したがってパフォーマンスの質も下がってしまいます。

私が今まで出会ってきた一流と呼ばれる人は、どんな業界の人でも、根拠を基に自信をつくっていません。それどころか、自信には根拠があってはいけないとすら考えています。

ただただ自分を信じる、こう決めているだけです。

自分を軸にした自信を持っているのです。この自信こそ、折れにくく、しなやかな自信です。

自分を信じるか、疑うか、これは、実績や経験とはなんの関係もありません。

ただ自分を信じる、本当にこれだけでいいのです。こう決めてしまうと、あなたの心にエネルギーがみなぎってくるはずです。

ただただ信じるというのは、ライフスキルであり、フロー状態をつくり出す基本中の基本になります。

自分を信じるということは、誰にでもできるのです。誰かから評価される必要もありません。

この自信は、一流の人しか持てないわけではありません。

しかし、多くの人があまりにも認知機能だけを強く使っているので、ライフスキルをさびつかせてしまっているのです。

ゆらがない自信をつくるために特別な才能は必要ありません。ライフスキルはみんなが持っているけれど、さびつかせているだけです。

さびついているライフスキルに油をさすことで得られる、自分で自らの心の状態を整えているのだという実感は、しなやかな自信につながります。

ただただ自分を信じる、こう決めてしまうことでフロー化が起こり、脳機能全体が上がっていきます。

当然、心の状態も自分でコントロールできるし、行動の質も高まっていくのです。

この自信があれば、どんな状況も環境も恐れる必要はありません。

「ただただ自分を信じる」と決めれば心は折れない

仕事なんてなんでもいい！

「もともとやりたい仕事じゃなかったからな」
「こんな仕事、自分がやる必要があるのかな」

こういう考え方を持っていて、心がゆらぎながら仕事をしている人がいます。

こういう人は、自分の軸を持てないので、なかなか自信を持つことができませんし、どこか投げやりなのでパフォーマンスの質も高くありません。

私は極論を言ってしまうと、仕事は何をやってもいい、と考えています。自分の中に軸を持つことができれば、どんなことに対しても真剣に向かうことができますし、脇目も振らず集中できるはずだからです。

どんな仕事環境でも、仕事内容でも一生懸命やることができるのです。

心の状態さえ整っていれば、どんな仕事でも大切にできるし、集中できるようになるのです。

心がゆらぎながら仕事をしている人は、一度自分のあり方を明確にしてみてください。自分のあり方に従っていれば、高いパフォーマンスを発揮できます。「自分はどうありたいのか」ということが抜け落ちていれば、いい仕事ができるはずがありません。

「どんな自分でありたいのか」を心と向き合い明確にできれば、その姿を目指して仕事に没頭できるのです。仕事の内容は関係なくなります。

自分のあり方を不明確にして、損得や収入、成功というもののためだけに仕事をしているから心がゆらぐのです。

学生さんが就職活動をする際に、上場企業や人気の企業ということでエントリーをしているニュースをよく見ます。

それは、あまりよい選択だとは私には思えません。上場したとか、オシャレな会社だからという理由で志望しているのなら、自分のあり方を大事にできていないのでは

ないでしょうか。

結局、そういう即物的な思考の人が会社に入ってしまうから、日本のためにもなっていないのではないかと思ってしまいます。

自分は「本当はどうありたいのか」ということを、もっと心と対話して明確にするべきです。

どんな会社にいても、どんな仕事をしていても、自分の生き方を追求していくというやり方が理想的なのです。

「希望の会社に入れなかったな」

「やりたい仕事はできていないな」

と心を乱している人は、自分のあり方さえ明確にすれば、自分を活かす道はいくらでもあると知ってください。

こう考えることで、ブレない自分はつくられていくのです。


「何をしているか」より「どんな自分であるか」を大切に！

「再現性」を求めると心はリスクを負ってしまう

人は、再現性を常に求めてしまう生き物です。

過去に成功体験があることは、その人の自信のひとつの源ではあるのかもしれません。また、過去にこんな方法で結果が出ていると聞けば、それをマネして同じような結果を出そうと考える気持ちもわかります。

しかし、過去にヒット商品を開発したなどの実績があれば、次の商品をつくるときにとらわれを生み出してしまいます。過去の成功法則にすがっていれば、これもとらわれを生み出してしまいます。感情がブレるのです。

過去の成功事例が次にも再現できるという保証はないのに、それをそのまま今にあ

てはめようとする人が多すぎます。

状況も、関わる人も、情報も、環境も、日々変化しています。そう考えると、過去の成功事例をそのまま今にあてはめることにあまり意味はありません。過去をそのまま今に応用しようとする人は、結果を出せないということになりますので、自信を失っていき、心の状態も安定しません。

過去にとらわれることなく、いつもこの瞬間この瞬間にどう自分の心をつくっていくかということを意識し、最高のパフォーマンスを発揮することが大切です。

再現性を求めるという性《さが》が人間にはあります。しかし、月日が流れていろいろなことが変化しています。それを考えれば、過去の経験、成功体験で今に確実に対応できるものはないということです。

過去を一概に否定はしませんが、過去そのものがリスクになるということもまた事実なのです。

再現性を求める。その**再現性とは過去と同じことを、今に求めようとしているということ**です。これは不可能に近いのです。

いろいろな過去があったとしても、フラットに今ここで、この瞬間に最高のパフォーマンスをして結果を出していくという自分をどれだけつくっていけるか、ということこそが大切なのです。

たとえばスポーツで言えば、去年優勝したチームが今年優勝したとしても、実はそれは、前年の優勝とはなんの関係性もないのです。

今年優勝するのにふさわしいパフォーマンスをチームがやったから、今年優勝したにすぎないのです。

過去にとらわれ、再現性にとらわれていることに気づきましょう。それだけで、心のゆらぎから解放されるのです。

過去の材料を〝そのまま〟使おうとするから心が乱れる

過去と未来から〝自分を解放してあげる〟ちょっとしたコツ

過去と未来をうまく味方につける人は、心の状態を整えていくことができます。

つまり、心が過去にとらわれず、未来にゆらがない生き方をする人は、ブレることなく、コンスタントにハイパフォーマンスを発揮できるのです。

過去と未来を味方にするためには、「今に集中して生きる」という考え方をしなければなりません。

過去の成功や失敗、未来の予想に影響されすぎると、心は不安定になっていきます。

それによって過信が起こったり、不安定な自信で物事を進めてしまったり、焦りや不安を未来に抱いたりしてしまいます。

過去や未来を遮断《しゃだん》することは難しいですし、そんなことをやろうとするのは人間として不自然です。

過去の再現性にこだわりすぎては危険ですが、行動の内容は過去の経験や体験の中から決められていくので、過去を捨てることはできません。

一番重要なことは、「今に集中して生きる」という意識の習慣を持てるかどうかなのです。

これが結果的に、理想の未来を形づくることにもつながっていくのです。

「今に集中して生きる」と決めれば、**過去と未来に思考が影響を受けず、心が安定する**ので、パフォーマンスの質も上がります。

基本的なスタンスとして、今に生きると決めておかないと、過去と未来に心を翻弄《ほんろう》されてしまうのです。

不安定を手放していく基本的なスタンスを持つ

心の三大法則を知れば、一気に満足感が生まれる

多くの人が認知機能を優勢に働かせて、心の状態を整えるライフスキルを働かせていません。

これが原因で、心がブレてしまい、自分の軸を不安定なものにしてしまいます。

心が大きくパフォーマンスに関わってくるのに、心が抜け落ちているからうまくいかないのです。

認知機能は「何をするのか」という行動の内容を決めることを担当しています。やるべきことを明確にしてくれます。

しかし、行動の質を決めるのは、心の状態が大きく関係しているのです。心という

ものは、目に見えないのでおろそかにしがちです。

だから、心の存在と、心の状態の価値に気づかなければなりません。

心には三大法則があります。

法則1は、人間にはどんな瞬間でも必ず心の状態があるということ。

法則2は、心の状態には、フローか、ノンフローしかないということ。

法則3は、フロー状態なら、行動の内容を明確にし、遂行する機能が高まるということ。

だから、結果を出していく一流の人たちは、より有効な行動の内容を見つけ、遂行する機能が高まるので、心の状態にこだわるのです。

多くの人が、行動の内容を明確にすることだけに意識がいってしまいます。これは、アクセルはガンガンふかすけれど、オイルのきれいさを無視しているようなものです。オイルが汚ければ、アクセルを踏んでもいい走りはできません。

車のレースであればオイルがきれいであることは重要です。街でそこそこ走っているくらいならオイルが汚れていても前には進むからいいでしょう。

自分のなりたい姿の実現を目指す人は、そこそこの走りで満足するべきではありません。と言いますか、たいていの人は、一般道を走りながら、満足できないから心が乱れるのです。

自分の心の状態と自分自身の機能に敏感になって、機能を高めていかないと結果は出ません。

心の状態が乱れているから、認知の機能で担う役割の部分まで質が下がるのです。

私のワークショップで最初にやるのは、心の三大法則に気づき、熟知する、ということです。

心が整った状態でなければ、あらゆることで自分の機能は下がり、ブレない自分をつくることはできないのです。

オイルが汚れていれば、そもそもスピードが出ない

「乱さない」より「切り替える」がカギ

多くの人が、心の状態はパフォーマンスにはあまり関係がないと思っています。だから、やることを決めて〝たんたん〟とやっていくことが最良の策だと考えています。

しかし、心の状態がよくなければ、やるべきことを〝たんたん〟とやることすらできません。行動の質には、心が大きく影響するからです。

重要なので何度も言いますが、自分の心の状態に気づくということが大切です。気づけば心はフローに傾くのです。

では、心の状態に気づくには、どういうことを日々心がければいいのでしょうか。

自分の心の状態に気づくには、外側に向かっている認知機能とは違う、ライフスキ

ルを働かせて、自分の内側に目を向けさせなければなりません。

自分の内側を見るためには、「今、ゆらいでいるな」「今、とらわれているな」といった心の状態に気づくことです。

そう考えると、心の乱れから目をそらさないことが大切になります。

ノンフローの状態になってはいけないわけではありません。とらわれてはいけないわけでもありません。

心の状態が乱れても修正する、または、整った状態を持続させるためには、感情に気づくことが重要なのです。

「今、自分はとらわれているな」といった、心の状態に気づくということをまず徹底的にやり習慣にすることです。

要するに、私が言いたいのは、心がゆらいだり、とらわれたりのノンフローな状態になることがいけないわけではなく、心の状態に無関心であることが問題だと言いたいのです。

「ゆらいでいるな」と気づけば整った状態にも傾けられますが、**ゆらいでいることに**

無関心でいると心の状態を切り替えることが難しいのです。

自分を内観し、感情に気づくということを習慣化してみてください。

そうすれば、様々な感情を持っていても、いい方向に自分自身で傾けることができるのだと、確信することができるようになります。

気づかないことに慣れるデメリットを知る

自分を無条件に認めてあげられるのは自分だけ

あなたは、他人と自分を比べて心を乱したりしていませんか。他者と自分を比較しているうちは、心の状態は安定しません。

そんなことを考える暇《ひま》があったら、自分の存在価値を確信することです。比較から解き放たれた自分自身の価値を考える、ということをやってみてください。

他人とあなたは全く別の人間であるということだけで、存在価値があるのです。

自分で自分の存在価値を認めてあげなくては、誰が認めてくれるのでしょうか。

「今、あなたが生きている」ことの価値をかみしめてください。

そして、生きている限り、人生を謳歌《おうか》すると決めましょう。

こう考えるだけで、他者との比較から解き放たれ、気持ちが軽くなるはずです。

そして、自分の存在価値を認識したら、心に変化が起こることを感じてください。

なんとなく前よりも心が安定してきたな、となったらしめたものです。心の状態を自分で整う方向に傾けられたのですから。

他者との比較の中で生きることから脱出し、自分の存在価値を再認識することで、あなたの中に大きなエネルギーがわいてくるはずです。

誰がなんと言おうと、あなたには存在価値がある

直感がさえる背景で、何が起こっているのか？

「この選択はすごくよかった」

たまに、瞬発的に上質な思考が引き出されることがあります。この直感というものはたいていの場合、物事を最適な方向へ導いてくれます。

直感で思いついたこと、その内容は認知機能が導き出します。

では、直感とはどうすれば働くのでしょうか。

直感という脳の機能は、心がフロー状態にあるときに働きます。脳の機能全体を上げるには、フロー状態であることが大切だということはお話ししてきたので理解していただいているでしょう。

とにかく、ノンフローを**フローにしたときにしか直感は引き出されない**のです。

これは、フロー状態なら、すごい力を誰もが発揮できるということです。

何事もうまくいかないときは、心の状態を乱れたままに放っていないか、一度立ち止まって自分の心を見つめてみてください。

心の状態を整えれば、あなたには無限の可能性があるということを忘れてはいけません。

自分の可能性を信じられれば、あなたの中に自信が生まれます。それが、ブレない自分を形づくっていくのです。

自分の可能性を信じる人はブレない

日常生活での確認が〝とっさのとき〟に役立つ

「なぜか、うまくいかないな」
と思ったときは、自分の心がどういう状態になっているかを確認することがやはり一番大切です。

認知の機能は、ある意味勝手に使われていきます。「何をすればいいのか」ということは、脳が勝手に探していくのです。一方で、心の状態を整えるための脳は働いていません。

そう考えれば、私たちは心の状態が乱れているのを整える練習の量を増やしていくべきです。ノンフローだからといって、**急にライフスキルを使おうとしてもなかなか**

働いてはくれません。

それは、外国人に会ったときだけ、急に英語を使おうとしているのと同じです。

何かうまくいかないときだけ、ライフスキルを働かせようとしても、なかなか働いてはくれません。

ノンフローな心の状態で日々過ごすことに多くの人が慣れすぎています。

心の状態を切り替えるということを日常的にやっていかないと、認知機能が暴走して感情を乱すのです。

外に向かう脳機能と、自分の内側に向かう脳機能、両方を常に働かせられるバイブレインな人が、ハイパフォーマーなのです。

片足ケンケンをしていてもダメで、転びそうになったときだけもう一方の足を使おうとするから倒れてしまうのです。感情に気づき、心を整える練習を常にするべきです。

一流の人の〝ライフスキル生活〟を知る

ポジティブでもネガティブでも どちらでもいい

ポジティブでなければならない。ネガティブであってはいけない。

こういう強迫観念を抱いている人がいます。

しかし、ネガティブなこともポジティブなことも、その**両方の考え、そしてそこから生じる感情を持っていいのだ**と知っておかないと、心の状態は安定しません。どちらの感情があってもいいのです。

しょせんはポジティブも、ネガティブも、人間が勝手に付けた意味でしかないのです。どちらであれ、心の状態に気づこうとすることが大切なのです。

ライフスキルを働かせ、いつも切り替えていけばいいのであって、「なぜ今、ネガ

ティブになっているか」ということを考えてもご機嫌な心にはなりません。

常にポジティブであろうとする人がいますが、それは心の片方しか見ていないことになります。

それでは、ポジティブなときはいいのですが、**ネガティブになったときにダメージが大きすぎます。**

ネガティブな面も知っておかないといけないし、ポジティブな面も知っておかないと心の状態にのみこまれてしまいます。

常に「心の状態を見極めている自分」がいるかどうかが重要なのです。

ネガティブを知ることがフロー状態を導いてくれると言えます。大切なことは、自分の内側に向けた脳を使いながら生きているかなのです。

「なぜ、自分はネガティブになっているのか?」と考えても何も生まない

こんな工夫で〝乱れている時間〟は短くなる

心の状態に気づく練習というのが、自分をブレさせない秘訣になります。

理屈はいいから、1日に何回も「今に生きる」ということを考えてください。

そうすると、徐々に心が整っている時間が増えてきます。

ライフスキルは、ここぞというときに使うものだというイメージを持っている人が多いかもしれませんが、そうではないのです。

常に、働かせるというイメージを持ってください。

「辻先生はご機嫌ですよね」とよく言われますが、私もしばしば感情を乱しています。

しかし、すぐにその感情に気づいて手放しているので、いつもご機嫌なように見て

もらえているだけなのだと思います。

回数を考えてみると、私もみなさんと**同じくらい感情を乱している**はずです。しかし、すぐに切り替えて、心を整えるコツを知っているから、ご機嫌でいられるのです。

フロー状態で過ごす時間を長くする。これが機能の高い自分と、質の高い人生を過ごしていく最大のコツなのです。

何度も何度も「今に生きる」

第3章

心が整えば、脳は自然に“自分にふさわしい選択”をしてくれる

「人生の質」は
「選択の質」で決まる!

心を整えれば選択の質は勝手に上がる

自分本来の能力を発揮できる人は、今置かれている状況に適応していく人です。どんな状況でも、自分のパフォーマンスを最大限に発揮できる人こそ、欲しい結果を得ていきます。

そのために大事なことのひとつが、その状況で最適な行動選択をしていくということです。

では、常に自分にとって最適な選択をするには、どうすればいいのでしょうか。

それは、自分の脳の機能を最大限に活用する準備を整えることです。ここでも、心の状態が大いに関係してきます。なぜなら、心が整っていない状態での選択は、質が

下がるからです。

心に余裕がない状態で行なう選択にはミスが起こり、後悔が残ります。そうすると、ますます心の状態は乱れていくので、行動自体の質まで落としてしまいます。

心が整った状態で、余裕があるから、最適な行動選択をすることができるのです。

何をやるかという選択と、その**選択をどんな心の状態でやればいいのか**、この2つがそろっていることで最適なパフォーマンスができるのです。

多くの人が、心を乱し、パフォーマンスを下げるような選択肢を選んでしまいます。人の思考というものは、出来事や環境、他人によって影響を受けてしまうからです。つまり、自分本来のものではない選択肢を選ばされているのです。しかし、その選択に従って、行動すると決めたのは自分なので、やりたくないことをやるというジレンマに陥《おちい》り、能力をなかなか発揮できません。

できる人は、心の状態を整えて、自分の能力を最大限に活かすための選択を行ないます。

結果を得ることにとらわれていては、結果は得られません。そこには、結果が得ら

れないかもしれないという不安が常につきまとうからです。

結果を重視することも大事ではありますが、それにとらわれていればいい選択ができないということを知ってください。

人生の質は、選択によって決まると言っても過言ではありません。人生とは、選択の積み重ねであるとも言えます。

いい選択を行なうための心の整え方を身につけましょう。

人生の質は選択によって決まってしまう

記憶が最良の選択をジャマしてしまう

多くの人は、物事の判断を迫られたときに、大きく次の2つに基づいた選択を行ないます。

ひとつは、過去の失敗や反省から選択を導き出す。2つ目は、未来に達成したい目標から逆算して、それにつながる選択をする。これは、人間として当然の選択法ではあります。

しかし、何かの選択をする場合には、それらにとらわれていてはなかなか最善の決断はできません。

大前提としてフローな心の状態で選択をしなければ、自分本来の能力を最大限に引

き出した選択ができないのです。

脳機能自体が落ちてしまい、判断力が下がるので、「今、何をすればいいのか」という判断のレベルが下がってしまいます。当然、**過去の失敗や反省を活かしたり、先を読んでの行動もできなくなります。**

過去の悪いことばかりが記憶から引っ張り出され、未来への不安ばかりが大きくなり、結局いい選択ではなく、現状よりは悪くならないであろうと思われる決断しかできなくなるのです。

「あれをやって失敗したしな……」「こんなことをやったら、みんなにどう思われるかな」といったことばかりが気になっていては判断のレベルが下がるのは当然です。

つまり、過去と未来に思考が引っ張られ、「今、何をすればいいのか」ということをうまく考えられなくなるのです。そうすると、ますます心の状態は乱れてしまうので、自分本来の力を発揮できなくなります。

では、過去と未来への思考から解放され、物事を選択するにはどうすればいいのでしょうか。

それは、一瞬一瞬に生きると考え、過去や未来から脱出することです。

「この瞬間を大事にする」と考えることで、心の状態は整う方向に傾くのです。過去と未来に引っ張られる思考を今〝この瞬間〟に集中させることができれば、平常心を取り戻すことができます。

こんな単純なことですが、一流のビジネスパーソン、アスリートはこの視点を大事にしています。

過去は変えることができません。変えられないことについて考えてしまうと、後悔や残念な感情が生じ、とらわれてしまいます。

未来は不確定です。不確かなことを考えると、不安や心配、恐れの感情がわき上がってしまいます。

「この瞬間を大事にする」という考え方を徹底して選択することが、いい結果を生むのです。

「変えられないこと」「不確かなこと」にはつき合わない

このエピソードには“打たれ強さ”をつくるヒントがある

最適な決断をするためには、自分の価値基準を持っているかということも大切です。

人は誰もが「自分が大事にしているもの」を持っています。

それに基づいて物事を選択し、行動していけば、後悔もなくなりますし、つらいことがあったからといってくじけることもありません。

多くの人が行動の途中で感情を乱し、自分本来のパフォーマンスを発揮できませんが、それは自分の価値基準に基づいた選択ができていないからです。

目の前にきたことにがむしゃらになることが大事だと思い込んでいるので、選択をするときに自分の価値基準が抜け落ちているのです。

このような選択法に慣れてしまえば、自分の価値基準があることすら忘れていってしまいます。感情を乱して、物事に集中できないのは価値基準がさびついてしまうからです。

つまり、自分の価値基準を明確にしておいて、それに従って選択していくことが大切なのです。

では、価値基準を明確にするためにはどうすればいいのでしょうか。

基準は人それぞれです。「社会や人に貢献する」「どれだけユニークに生きるか」……など様々でしょう。

その価値基準を明確にする秘訣は、**自分が感動したことを思い出してみる**ことです。

感動とは、感情が動くことです。驚き、悲しみ、喜び……などを強く感じたときのことを思い出してみるのです。

どんな感情が生まれたかは人それぞれですが、心が強く動いたときにこそ価値基準は生まれるのです。

感情が強く動いたエピソードには、あなたの人生の土台となるものがあり、満足い

く選択をするためのカギとなるのです。

自分の価値基準を明確にしておくことで、それに基づいた判断をすることができます。

そうすると、その選択に基づいて物事を行なうことになるので、心が乱れることなく、パフォーマンスが最大化されるのです。

心を乱さないためにも、自分の価値基準を明確にしておくことは大切です。

心が整っている状態なら、どんな困難が目の前にきても、自分のやるべきことを遂行することができます。

選択の積み重ねで人生の質は決まりますので、後悔がない選択をするためにも、価値基準を明確にすることを意識しましょう。

感動があなたの基準をつくり出す

時には〝自分本位〟で決断してみるのもひとつの手

先ほど、自分の価値基準を大事にしようというお話をしましたが、心の状態が乱れていれば、「自分の価値基準はなんなのか」ということをうまく考えられなくなります。不安などの感情を抱いていれば、考えがまとまらないのは当然だからです。

脳の機能がうまく働かなくなるから、価値基準が見えず最適な選択ができにくくなるのです。そもそも、決断できなくなるという危険もあります。心が整っていると、決めるということは最低限できます。乱れた気分のまま決断するから、不適切な選択をしてしまい、何事もうまくいかず、**負の経験を積み重ねてしまう**のです。

心の状態を整えることで、自分の持っている武器を有効に使いながら、かつ、自分

が大切にしていることに基づいた判断ができます。

感情を整える脳の機能を働かせることができれば、自分の機能が高まるので、自然に自分の価値基準に基づいて選択できるようになるのです。

内面を見る脳の機能ライフスキルが磨かれていくと、心の様々な状態に気づく力もついてきますし、同時に心の状態を自分自身でフローな方向に持っていくこともできるようになります。

多くの人が、理屈や理由に翻弄されて自分の価値基準やあり方を軽視し、外に答えを探しにいってしまいます。

「これを選択すれば、少なくとも今より悪くなることはないだろう」

「今までも、これを選択してきたから今回もこれでいい」

こういった考えからくる選択は、最適な選択とは言えない可能性が極めて高いのです。それではよくて現状維持しかできません。

〝理屈〟や〝理由〟によって判断力を下げていないか

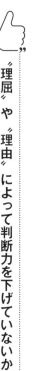

決断のスピードが速い人の共通点

社会生活を送っていれば、多くの選択肢があなたに迫ってきます。先ほども述べましたが、心の状態が整っていれば、自分の中の最良の選択をすることができます。どんな状況でも、迷うことなく選択できるのです。

これにするか、あれにするか、それともそれら以外の選択をするか。

心の状態が整ってフローであれば、認知の機能も上がります。

すると、直感もさえてくるので、選択するスピードも速くなるし、最適な選択を行なうことができるようになります。

その決断には、後悔がないので、スムーズに行動をすることもできるようになります。

心の状態を無視して脳の機能が低いまま、なんとなく選択していると、結果も出ません。

あれこれ迷って、自分の能力を発揮できない選択をするということは避けるべきです。

一流と呼ばれる人は、自分の**能力が高く発揮できる選択をします。**

直感的に最適な選択をする弊害となっているのは、心の状態を無視することにあるのです。

「なんとなく」で選ばされていないか？

〝マンネリ〟はとらわれを生み、心を乱す

企業のトレーニングに行くと、一歩踏み出さない選択、現状維持をする選択をする人が多いように感じます。一度の人生ですから、もっともっと思いっきり行動してほしいとよく思います。

「会社に新しい風を吹かせてほしいんだけど、なかなかそういった人材が出てきません」

こういう相談をよく経営者からされます。

私がメンタルトレーニングに行っても、はじめのうちは8割の人はなかなか耳を傾けてくれないのが現実です。

2割の人は、自分の脳の機能を高めて、高いパフォーマンスを実現しようとしてくれるのですが、8割の人はなかなか心の大切さに気づくことができません。

2割の人は、フローな心の状態を体感していくので、ますます心の大事さに気づいてくれます。

そういう人には、私の話は響くので、心の状態を自分で切り替えてフローへもっていき、一歩踏み出す勇気を手にしていきます。

残りの8割の人は、心の状態に無関心か、心を整えること自体をめんどうだと考えてしまいます。

この8割の人にも心の状態に関心を持ってもらうことが私の仕事です。

そういう場合は、「ご機嫌で仕事をしていたときには、どんなことがありましたか?」と話しかけるようにしています。

その人の体験をひもといていき、**心の状態が整ってフローだとどんな体感があったのかを思い出してもらう**のです。

はじめは、めんどくさそうにしているのですが、この質問をすることで、人は自分

の内面を見つめるようになります。

ここで、私が狙《ねら》っていることのひとつは、気分がよくなる小さな体験をしてもらうことです。そうすると、心に余裕が生まれ、視野が広がっていくのです。

ノンフロー状態を、フロー状態に傾ける体験を実際にしてもらっているのです。

自分の内面を見ることができるようになれば、自分のあり方というものが見えてきます。そうすると、自分を変えることへの障害も取り払われ、チャレンジしようという意識もわき上がってきます。

なぜ、多くの人が一歩踏み出せないのか。

それは、現状のまま仕事をしていても、給料も安定してもらえるし、しかられることもないと考えているからです。つまり、安定思考が染みついているのです。

しかし、安定思考では最適な選択をすることはできません。外部の変化に対して、個人も組織も変化を起こしていくことが生き残りには必要だからです。

会社の業績が落ちれば、給料は下がります。そうなれば、社員が減り、今までの仕事量だけでは足りないと叱責《しっせき》されることもあるでしょう。

社会、会社がどんな状況でも適応していくためには、自分を変化させることが必要になります。そう考えると、**一歩踏み出していく、チャレンジする気持ちが大切**なのです。

現状維持は一見魅力的ですが、同じ行動ばかりではあきてしまうのが人間です。あきてしまえば、気分も盛り上がらないので、心もエネルギー不足になります。

「いつもやっていること以外でできることはないのか」こう考え選択する習慣をつけましょう。

もともと人間は、チャレンジすることで喜びを感じるようになっているのです。

安定思考は自分を危機的状況に追い込むこともある

選択を間違っても落ち込まなくていい

心の状態がノンフローのときにする選択というのは、基本的にはパフォーマンスの質が下がってしまうので、いい結果につながりません。

しかし、「そうは言ってもなかなかできないよ」と言う人がいるでしょう。

そういう人は、たったひとつの選択が命取りになるという極端な考え方をしてしまっています。

選択は常に続けていくことができるのです。

選択をして、すぐ次の1秒後には、また選択ができるわけです。

今やっていることをやめるという選択もできますし、続けるという選択もできます

し、違うことを始めるという選択もできるのです。

ある選択をしたからといって落ち込む必要はありません。次の選択のときにはフローで整った心の状態で行なえばいいだけです。

続ける選択もあり、続けないという選択肢もあり、違うことをするという選択肢もあるので、一度選択を間違ったからといってどうということはありません。

もし選択を間違ったとしても、次の瞬間にまたチャンスがあるということを意識してください。

新しい可能性をつくり出すチャンスは、常にあなたにはあるのです。

心の状態を整えれば、脳の機能は上がりますので、不適切な行動はやめられますし、新しいアイデアもわき上がってきます。

選択の間違いよりも、気をつけるべきことは、心の状態が整わないまま物事を続けることです。

能力が下がったまま行動を続けていれば、それこそ悪い結果が積み重なっていきます。

心は自分でいつでもリセットできるものです。

選択もいつでもできるチャンスがあるのです。

1秒1秒を大切にするという意識を持ってみてください。そう考えると、気分を切り替えるチャンスは、1日で8万6400回もあるのです。

1日で8万6400回も、新しい今がやってくるのです。

そう考えると、**8万6400回もいい選択をする機会があります。**

1秒を大切に生きる人は、過去にも未来にも心をとらわれたり、ゆらぐようなことがありません。

あなたの前には、選択を改善するチャンスが莫大にあることを忘れないでください。

一度の失敗があっても人生は続いていくのです。

1秒ごとにリセットする感覚を持つ

ハイパフォーマンスを発揮する選択を積み重ねるコツ

ここまで読んでいただければおわかりだと思いますが、心をフロー状態にしていれば、あなたは自分にふさわしい選択を自然にすることになります。

そうすれば、あなたの持つ最高のパフォーマンスを実現できるので、あなたにとって最高の結果も手にすることができます。

行き着きたい先は、人それぞれ違うでしょうが、フロー状態で選択を重ねれば、**自分にふさわしい結果は得られる**のです。

常に自分の心を大切にすることを意識しましょう。

人生は、常に選択です。

過去の成功パターンから導き出した選択をしていても、変化のスピードが速い現代では、いい結果は出せません。

過去にこんな成功をした方法論があるからこの選択をする、こういった選択法をやっていてもあまり意味がありません。

逆に、未来に結果を出すことだけを意識して選択したとしても、不確実さにとらわれてしまうので、心が乱れてパフォーマンスを落とすだけです。

「今」「この状況」に適応し、最適なパフォーマンスを発揮できる人だけが、結果を出していくということを忘れてはいけません。

過去のパターンが今に必ずしも使えない、未来を見据えた選択が不確実な中で、少なくとも確実なことはひとつです。

それは、自分の心を整える方法は常にあり、それさえやっていれば自然と選択がうまくいくということです。

心の状態さえ整っていれば、いい選択は積み重なっていくのです。

心の状態はいつも自分でコントロールできる唯一のものです。自分の心の状態を整えて選ぶことで自分が欲しい結果が得られるのだ、とわかっていればクヨクヨ悩むこともなくなります。

「フローで選ぶ」が鉄則！

第4章

心が疲れない人は、作業をしない人

心を満たし、消耗させない習慣

せっかくやるなら
何事も作業をするのはもったいない

メンタルトレーニングを通して、気がつけば、企業やビジネスパーソン、スポーツチーム、アスリートと接し始めて20年間がたちました。

そんな中で私がよく感じているのは、多くの人が人生を作業的にこなしてしまっているということです。

「人生が作業になっているとは、どういうことなんだろう？」

こうあなたは思うでしょう。

人は生きている限り、仕事でもプライベートでも、様々なことを行なっていかなくてはなりません。

やることが、常に変わるわけです。出来事や環境、他人と自分は切っても切り離せないので、その情報や変化に合わせて行動するわけです。

ここで、多くの人が気づかない問題が起こります。

それが、**物事をただただこなすことが、仕事や人生だと無意識に思い込んでしまう**ということです。

「こなす」とは、作業をしているということです。こなすという意識で物事に向かっていれば、パフォーマンスの質にこだわるという視点が抜け落ちてしまいます。

多くの人が、仕事と人生が作業になっているので、そこに心が入り込む余地がなく、いい結果を生むことができないのです。

何をやってもそこそこの結果、現状維持、もしくはそれ以下の結果しかつかめません。

一流と呼ばれる人で、作業をしている人はいません。常に、物事に真剣に向かうことができる人だけが、結果を得ています。

作業をするから、本気度が高まらないのです、パフォーマンスが上がらないのです。

作業をするから、楽しくないのです。

作業をするから、状況にうまく適応することができず、質の高いパフォーマンスができないのです。

何事も作業的に行なっていては、心は乱れるばかりです。やらされている感が強まるからです。

自分を小さくして仕事や人生に向かえば、それは味気ないものになり、やりたくないことになり、心は整わなくなります。どんどん感情は乱れていきます。

そんな心の状態で行動していては、いい結果は得られません。

結果を残している人は、物事にどう向かっていくのか、この点を本章ではお話ししていきたいと思います。

心を込めて行動するから、人生は充実していき、心から満足できるのです。

多くの人が知らず知らずのうちに人生を雑に生きてしまっている

ただ反応して生きることを一度やめてみる

実行する物事の内容を選択していくということにも、行動をするときにも心が大きく関係しているというお話は先にしました。

行動をするときには心の状態が関係しており、内容に関係なく、どんなことをしようとも自分のあり方、すなわち自分の価値基準を基にしていればいい心の状態になります。しかし、作業的に行動していては、自分の価値基準が登場しません。

わかりやすく言うなら、雨が降っているから、ただ傘をさしているということです。反応で生きているだけです。これは、作業としか言えません。どんなときも自分のあり方だけは大切にすることができるはずです。傘の話ならたいしたことではありませ

んが、人生が作業になってしまうのは大問題です。

何事をするにも、**自分で質を決めることなくただ機械やロボットのようにやっていれば、無感情になるか、嫌々やらされている感じが出てくるもの**です。無感情では物事に真摯《しんし》に向き合うことはできませんし、嫌々やらされていれば、パフォーマンスの質にこだわることはできません。

心の状態を自分で整え、フローで生きることによって、パフォーマンス高く物事を遂行できるから、仕事や人生がドラマチックになり、楽しむことができるのです。

出来事や環境、他人からの刺激に反応しながら、ただただ漫然と物事をやっていたのでは、正に作業をただ繰り返すことになってしまいます。

状況に適応するのではなく、反応しているだけでは、心は乾いてしまいます。

自分という素材が物事に入り込まないのなら、生きている意味が見えてきません。

心　＝　自分

こういった意識をまずは持つようにして、作業的に日々を送らないように注意するべきです。

仕事も人生も、自分という軸があるからこそ、満足できる方向に向かっていくことができるのです。

自分の心を自分で決めていくことでしか、自分の人生は生きられないのです。

軸がないと、ただ外からの刺激に反応して行動するという作業に人生がなっていきます。

それは、非常に無《む》味《み》乾《かん》燥《そう》な人生です。つまり、ＱＯＬ（クオリティ・オブ・ライフ）の低い人生なのです。

マイライフ・イズ・マイセルフ。

多くの人がこの視点を持っていないために心を乱して、自分本来のパフォーマンスを発揮できないのです。

マイライフ・イズ・マイセルフ！

「普通に」「こなす」が習慣の人は不機嫌になりやすい

選んだことを行動する、人生はこれの繰り返しなので、行動しているときの質が低いと、残念な結果が積み重なっていきます。

自分の感情や感性の入り込む余地もなく、質の低い行動をやらされながら、ただ日々を送っている人が多すぎます。

人生の質は、自分で決めていけるものです。

行動の内容はどうしてもやらなければならないことがあるかもしれませんが、それをどんな質で仕上げるのかは自分で決めていけるのです。

結果を出す人というのは、何かをやらなければならないとしても、**質という部分を**

自分で決め、他人に委《ゆだ》ねません。

作業に慣れるべきではありません。

普通にやればいいと考えてはいけないのです。

普通などというものはないのです。普通とは、心を無視してやってきた経験に基づいて形成されたものでしかありません。

作業が普通。つまり、人生は普通。こうなってしまえば、行動のパターンは固定化されてしまいます。すると、可能性やチャンスが目の前にやってきても、それに気づくことができません。

自分のやりたいことをやれたときにだけ行動の質がよくなる、ということではなかなか満足感を抱きにくいので、心のモヤモヤも消えることがありません。

そうなると、「何かいいことないかな」とか、「あいつはいいな〜」となってしまうのです。

どうせやらなければならない行動をするときに、自分はどんな心でやりたいのか、この点をしっかりと考えてください。

いつでもどこでも自分はこうありたいというエネルギーは誰にでもあり、生きる力となります。

やることの内容は、自分で決められないことが社会人なら当然あります。

しかし、そのときに、心の状態を自ら整えることで、物事の結果をよりいいものに持っていくことはできるのです。

自分の人生の質は、自分の行動の質で高められる可能性があるのです。それに、気づいていない人が多すぎます。

「普通にやる」を脱出して自分の人生を生きましょう。

作業に慣れると行動のパターンが固定化されてしまう

自分が登場する回数をどんどん増やす

やらされていることでも、最後にやると決めているのは自分自身だということを忘れてしまうから、やらされている感があるのです。そして、心を乱すのです。

どんなことも、自分で決めていないことはひとつもないのです。

自分の人生は、自分が主人公のドラマです。**そのドラマに、自分が登場する回数が少なくなるのは避けなければ、人生は味気ないものになります。**

上司が言ったことをそのままやらされているだけでは、「ちょっとうまくいかないな、こんな仕事をさせやがってムカつくな」となってしまいます。ちょっとしたことで、心が折れてしまうのです。

これでは、何かをやり遂げるということもできませんし、パフォーマンスの質も低いままです。

嫌な感情を忘れるために、お酒を飲みに行ったり、ゲームをしても根本的には何も解決しません。

お酒やゲームが悪いと言っているのではありません。そんなことで自分を紛らわせて、人生というドラマの中であなたはどこで登場するのですか、と言いたいのです。

特に、仕事は人生のかなりの時間を占めています。３分の１を超えて、下手したら人生の３分の２ほどは仕事をしているのではないでしょうか。それが作業では、人生の質をいいものにすることはできません。

だから、人生も仕事も作業ではなくて、プレイビジネス、プレイライフするべきだと思います。

私は、何事もプレイだと捉えるべきだと考えています。

楽しむことが悪いことではないという生き方です。

では、どうすれば楽しむことができるのか。

それは、一生懸命さに喜びを感じることです。一生懸命さには、常に楽しさがともなっているからです。

子供の頃を思い出してみてください。誰もが、**一生懸命遊ぶことで、楽しさを得られた**はずです。

一生懸命、鬼ごっこで逃げたり、追いかけたりしたことに、楽しさを感じたはずです。

行動のひとつひとつを一生懸命やってみる。

そうすることで、やることすべてに楽しさを感じられるようになります。一流と呼ばれる人々は、どんな業界の人であれ、行動に楽しさを感じています。一生懸命を楽しむと考えて生きているからに間違いありません。

一生懸命遊ぶことで得られた楽しさを実感し、味わい直す

キレイゴトに惑わされて、自分をイジメるのはやめよう

人生とは、表現の場でもあります。自分自身を演出し、演じるという感覚を持つことです。そうすることで、作業的に生きることがなくなります。

自分が死ぬまでの時間は、誰のものでもなく、自分のための時間でなければなりません。

この視点が抜け落ちていれば、人生は無味乾燥なものになり、パフォーマンスの質もなかなか上がりません。

しかし、ここで間違ってほしくないのは、人生を謳歌するということは、自分のやりたいことだけをやって生きるということではありません。

最近、

「仕事が自分に合わないのなら、やめてしまえばいい」

「いろんな稼ぎ方があるのだから、独立しても食べていける」

「嫌な人間関係は切ってしまえばいい」

ということをよく聞きますが、現実的ではありません。

そんな**短絡的で極端な考えでは、ますます悩みを抱えることになる**でしょう。

自分がやるべきこと、つき合う人は必ずしも自分の思い通りにならなくてもいいのです。

それよりも気をつけることは、やるべきことをやるときや人と接するときに、自分はどういう心の状態であるべきかなのです。

ご機嫌な自分と不機嫌な自分でそれらを行なったときの、人生の質を一度じっくり考えてみてください。

その部分を意識していなければ、作業を繰り返す人生を送ってしまうことになります。ご機嫌なほうが、仕事の質が上がりそうだ。ご機嫌なほうが、相手の話を今後に

活かすために聞けそうだ。

　こういったパフォーマンスに関わる心の状態に価値を見いだすことで、感情の乱れは減っていくのです。

　心の大切さに気づいて行なう決断と、行動を繰り返せば、人生は作業ではなくなります。

　やらなければならないことは常に、向こうからあなたの前にきます。それは、社会人として生きていれば当然のことです。

　しかし、それをどのような心で行なうのかは自分で決められるのです。これができれば、あなたが過ごす時間の質も上がります。

　心の状態を整えて行動するという当たり前のことが、あなたの人生の質を高めるのです。

自分自身を演出し、質の高い時間を過ごす

第三者的視点で自分をながめてみる

心の状態を自ら整えるメリットは、俯瞰的に自分を見ることができる余裕が生まれるから、ますます心の状態を整えられるということです。

心のための脳機能を働かせていると、自分の感情に気づきやすくなります。先にも述べましたが、自分の感情に気づくことは、心を整える第一歩です。

脳の認知機能は、心の状態を整えるのが苦手です。だから、脳の機能として認知機能一本で生きるのか、心の状態を整えるライフスキルも使いながら生きるのかで、人生の質が決まってきます。

自分を俯瞰して見ることで、「ああ、今自分はイライラしているな」と気づき、自

分の内面に注目できるのです。これができると、いろいろなことがうまく回り出します。

人間は、外側に対する刺激には敏感です。出来事、環境、他人の変化にばかりとらわれていれば、心の状態は乱れるばかりです。

多くの人が、外部からの刺激によって、心の状態を決めていくから、ますますパフォーマンスが悪くなっていきます。

脳の認知機能は、やるべきことを考えるための脳機能です。本来は、心について担当する脳機能ではありません。

認知機能だけが働いて、心の状態を整える脳機能が働いていないと、感情はどんどん乱れて当然です。

酒を飲んだら気分がよくなる、旅行に行ったら気分がよくなる、ということでは、認知機能を使って行動や物に依存して、**無理やり心の状態を整えるということ**になります。

しかし、何かに依存しながら心の状態をよくしていこうというアプローチでは、心

の状態は安定しません。

心を整える機能を有効に使うことで、行動の質は高まるのです。

人生の質を高めるには、あなたの心の状態を整える脳を働かせることです。

行動の内容と質、それぞれを分業して脳が担当する感じです。脳も、「餅屋《もちや》は餅屋」で働かせるということなのです。認知機能とライフスキルをバランスよく回すバイブレインを目指しましょう。

自分らしく生きるためにも、自分の感情がどういう状態にあるのかを常に意識することです。

時には、感情を中心に生きてみてもいいのです。

心を大切にすれば作業人生にはなりません。

物に依存して無理やり心を整えようとしない！

心の乱れは事前準備で半分は予防できる

心には裏か表のどちらかの状態が絶対にあるのですから、それをまず見ることが大事です。

つまり、自分の感情の状態に気づけば、心の状態はノンフローからフローにひっくり返すことができます。気づいた瞬間から、フローに傾き始めるからです。それは、心のとらわれが減るからです。

心をフローにひっくり返すことができれば、あなたのパフォーマンスは高まります。

そこであなたに提案があります。

それは、**心が乱れるときの、外的な要因を列挙してみる**というものです。

仕事に追い詰められているとき、上司に怒られたとき、パソコンの動作が遅くなったとき、交渉が難航しているとき……など。

このリストを見ながら、何かしらの準備をすれば、心の乱れを起こさずにすみそうだったり、軽減できそうなものがいくつくらいあるのかを眺めてみてください。

自分次第で気分や心が乱れずにすむことが、どれくらいあるのかにまず気づいてもらいたいのです。

私がこのアドバイスをすると、どんな人でも3分の1から半分程度は事前の準備で心の乱れの原因を減らすことができます。

心が乱れる前に、それを予防する策を持っておくこともとても大事なのです。心が乱れるのは事前の準備で防止することができる。これを知ると気が楽になりませんか。

準備できることがあると考えるだけでも、心に安心感が生まれ、心に変化を起こすことができます。

心を乱すパターンが誰にでもあります。

何かを成し遂げるための事前準備は誰もが行ないます。明日のプレゼンのために資

料をつくりこむといったことです。

しかし、パフォーマンスを最大化させてくれる、**心の状態を整えるための事前準備を行なう人はあまりいません。**イチロー選手やラグビー日本代表は、心の準備に注力して結果を出しています。

心が乱れていたとしても、すぐに表にひっくり返し、整える準備をしておきましょう。

そうすることによって、行動の質もよくなるのです。

とにかく、心の状態を整えるための準備を行なうことが、人生の質を高めるのです。

一流が大切にしているのは準備

脳が暇をもてあます瞬間を見逃さない

心の状態を整えるための脳の機能が働く練習を、とにかくすることが大事です。

野球でもなんでもそうですが、素振り練習を繰り返し行なうことで、ここぞというときにヒットを打つことができるし、技を使えるようになります。

心を整える脳機能であるライフスキルはすぐにさびつきます。使うことを習慣化しないと、使い物にならなくなるのです。

では、これを常に使うエネルギーの源泉は何かというと、心がフロー状態に向いていることへの価値を知ることです。

多くの人が、脳の認知機能だけを働かせて暴走しているから、心の状態の価値が低

いのです。

先にも述べましたが、ライフスキルが常に働いている人は、心が整っているということへの価値が高いから働かせることができるのです。

ご機嫌に価値を見いだせなければ、作業的に物事をすることになるから、行動の質が上がりません。

価値があると気づいた瞬間に、パフォーマンスが上がるのです。

価値がなかったら、心の状態はどうでもいいということで放っておいてしまうのですが、価値があると知っていれば、心の状態を大切にしようとなるのです。

価値があるから、自分の感情に気づこうとするのです。先にも述べましたが、感情に気づくことで、まずは心はフローに傾くのです。

ここで、ライフスキルを鍛える手軽なトレーニング法をお伝えします。

人間の脳は寝ているとき以外は、忙しく働いています。出来事、環境、他人などの刺激から、状況に対応して働いていて、感覚器を通して、情報を常に取り込み、運んでいるのです。

瞑想《めいそう》や座禅で何も考えないようにしても、それがなかなかできないのはこのためです。脳は、あらゆることに意味を付けていき、心に波を生じさせています。それが、心にとらわれや、ゆらぎを生むのです。

脳の認知機能は、ほかにも出来事の原因を探ったり、評価したり、他者と自分を比較したり、答えを探したりと、忙しく働いています。

しかし、**ちょっとしたときに、脳も暇をもてあます**のです。

それが、歯を磨いているときや、切符を買っているときや、人を待っているときなどです。あまり脳が働いていなそうな時間が探せばあります。

そんなときに、**自分の機嫌がよくなることを考えてみる**のです。その内容は、あなたの気分が切り替わることならなんでもいいのです。心に関することをただ考えることに、時間はかかりません。

ちょっとした時間で、心を整える練習はできるのです。

スキマ時間で気分を切り替える練習をくり返す

アプリがあっても電源がOFFでは意味がない

あなたがある道で、どんなに優れたスキルを持っていたとしても、心の状態を大切にしなければ、作業的な人生を送ることになります。

なぜなら、そのスキルを精一杯使いこなすことができないからです。

仕事柄、いろいろな人々と仕事をしてきましたが、結果を出している人は、まずは心ありきの人です。

たまたま心の状態がよかったから、自分の持つスキルを出し切れたということでは、パフォーマンスの質にムラが出てしまいます。

これでは、やはり状況に適応しているとは言えないでしょう。

パフォーマンスは、何をやるかという行動の内容と、それをどんな感情でやるかということで決まります。

作業人生を生きている人は、結果だけを重視しすぎて、認知の機能ばかり働いているということです。

しかし、行動の内容と心の状態、どちらも適切でなければ自分の能力を存分に発揮することはできません。

本やセミナーの多くは、認知的な脳の使い方を教えるものです。つまり、行動の内容へのヒントばかりです。

これをやったら結果が出るからやってみなさい。どんなソリューション、どんな方法論を行なえばいいのか、すなわち、勝つためのスキルを教えています。

自分がいる業界で必要なスキルを高めることは非常に大切なことであり、私はその向上を否定しません。

しかし、心の状態を整えることもセットで考えるということを忘れないでもらいたいのです。

たとえば、ケータイ電話で考えてみてください。

たくさんの**アプリがインストールされているとしても、そもそも電波が圏外では、それは使えない**のです。また、**電源が入っていなければ使えない**のです。

みんな、いろいろなアプリの使い方だけに注目し、その使い方を知ろうとします。

でも、電源が充電されていなければアプリに価値はなくなってしまいます。

せっかく身につけたスキルを使いこなせない状況に、自分で自分を貶《おとし》めてはいけません。

まず心の状態を整えることで、はじめてスキルは存分にその力を発揮できるのです。

この根本的な事実に気づいてもらいたいと私は切に願います。

どんな状況でも、自分らしさを見失わず、自分の能力を存分に発揮してこそ、人生の質は高まり、作業人生から解き放たれるのです。

“スキルの発揮は心の状態が決めている”

“第5章”

いやなことでもご機嫌でやる秘策

「仕事」も「勉強」も……
自分次第で本気度は上げられる

いやなことは、いやでもいい

仕事にしても、勉強にしても、やりたいことだけをやって日々過ごしていくことは難しいものです。

ビジネスパーソン、学生、アスリート、主婦でも、必要に迫られてどうしてもやらなければならないことが社会生活を送っていれば出てきます。

そういうことをする場合には、どうしてもモヤモヤを感じながら行なうことになってしまいます。

必要に迫られて何かを行なうときに、どのような感情がわき起こっているのでしょうか。嫌だ、ウザイ、めんどくさい、ヤバイ……など様々ですが、その背景には自発的に物事をするわけではないので疑問を感じてしまい、ノンフローになるということ

があります。

しかし、ハイパフォーマーは、どんなことをやるときでも心の状態を整えられる人であり、ライフスキルをきちんと働かせることができる人です。

ある道で一流と呼ばれるような人でも、ゆらぎやとらわれの感情がわき起こらないわけではありません。

感情を自ら切り替えるのがうまかったり、フローの時間を長くすることが長けているだけであって、嫌なことをしないわけではありません。

嫌だな、とは感じるのですが、「今、心が乱れているな」と気づく力があるのです。

めんどくさいことがないわけではないけれど、それをそのままの心の状態でやってもパフォーマンスは上がらないので、心の状態を整えてやろうとする人が、いい結果を残していくのです。

だからこそ、どんな人でも、心の状態がフローであることの価値を認識しながら、心を整えて何事にも臨むことが大切です。

嫌だといったような感情がわき起こらないようにすることは、人間であれば不可能

です。

そういう感情がわき起こってもいいし、人間ならわき起こらないとおかしいのです。

多くの人はまずその感情を押し殺すとか、気づかないフリをするから、ますます心が苦しくなるのです。

嫌なことは嫌でもいいのです。ただし、それを行なうときに、嫌な心の状態のままで行なうことに問題があるのです。

どんな状況にも適応していくためには、やはり心の状態を整えて物事に臨むことが鉄則になります。

感情の乱れを押し殺したり、気づかないフリはしない

ネガティブさはあっていい

やりたくないことに挑むときに、多くの人が行なうアプローチが、ポジティブに考えて物事を行なうということです。

巷《ちまた》では、本でもセミナーでも、ポジティブ至上主義が蔓延《まんえん》しており、**ネガティブな感情を持ってはいけないというふうに思わされています。**

正に、ポジティブシンキングの呪縛《じゅばく》にがんじがらめなのです。

人間なのだから、当然ネガティブになってしまうこともあります。

そうなることは特に問題があるわけではありませんし、人間ならしかたがありません。

しかし、そのまま何かを遂行していくことは問題です。心の状態は乱れることが

あってもいいけれど、そのままの状態で何かをしてしまうことがよくないのです。乱れた心の状態では、自分の能力を最大限に発揮することはできないから、集中して物事に向かうことができなくなります。

常に心の状態が整っていなければならないというわけではなく、まずは自分の内面を見ていくライフスキルを働かせていくことが大切なのです。

ここでも、心の状態をフローに傾ける方法は、乱れた感情が自分にわき起こっていると気づくことです。

この気づきをどれだけできるかで、集中力を高めて物事に挑めるかどうかが決まってくると言っても過言ではありません。

大切なので何度も言いますが、心が乱れることが悪いのではなく、フローに傾けることができないことが問題なのです。

だから、心の状態を整えるために、自分の感情に気づく自分を、どれだけ日頃からつくっているのかというのが重要です。

感情に気づくという自分を内観する習慣がつけば、**「どんなことでもやると決めた**

のは自分だ」ということに思いいたることができます。

そこではじめて、物事をやるときには、自然と最適なパフォーマンスが発揮できるようになるのです。

すべては、自分次第であるとわかるのです。

すべてが自分のやりたいことではないでしょう。しかし、それを遂行していく選択や行動の質は全部自分で決められるということに気づくことが重要なのです。

「やると決めたのは自分」だということに気づける人は強い

ストレス知らずな人、ストレスフルな人

自分に嘘をつくと、パフォーマンスは必ず落ちます。

いやな感情がわき起こったときに、それを押し殺す、ポジティブに考えるという人が多いのですが、それはうまい方法だとは言えません。

それは、結局自分に嘘をついていることになるからです。

嘘をついている自分の能力が高いはずがありません。当然、集中して物事に臨むこともできません。

押し殺しているということは、感情を乱し続けるということです。心はノンフローのままです。

めんどくさいと思っているのに、めんどくさくないと思い込むということは、ネガティブという感情がいけないと思い込んでいるからです。

人間は様々な感情が生じるし、生じていいのです。それが自然です。

しかし、心が乱れたままでは自分本来の能力は発揮できない、と知り、フローであることの価値を認識することこそが大切なのです。

心が乱れている理由だけを、考えていてはいけません。

この仕事のせいで心が乱れている、この勉強をしなければならないから心が乱れている。このように、多くの人がストレスの状態をつくっている物事に意識がいきがちです。

何が原因で心が乱れているのかを考えても、フローにはなりません。

心が乱れていることに気づいて、フローの価値を自然に考えるようにするのです。

感情を押し殺して、心の状態を隠そうとしていることは、自分に嘘をついていることにほかなりません。

ネガティブさを隠す必要はないのです。感情を受け入れて、その上で、心の状態を

整えて、やるべきことに集中することが大切です。

あるがままの自分でいることで、人は最も力が発揮でき、継続的に成果を出すことができるのです。

自分に嘘をついた状態で物事に向かえば、いい結果をつかめることはありません。

かつ、自分が嫌だというふうに意味付けをしていることを隠していてはいけません。

嘘に嘘を重ねて生きていくことになるので、心はどんどん消耗してしまうのです。

自分に嘘をついたら、結局、自分にツケが回ってくる

ハイパフォーマーのあるがままの自分のつくり方入門

人間というのは不思議な生き物です。嘘に嘘を重ねていると、それが自分そのもののようになっていきます。

嘘をついても苦しくなくなるのです。

そうすると、物事に向かうときに、常に能力を発揮できなくなってしまいます。嘘を苦痛に感じなくなっても、やはり能力的なベースは落ちるのです。

だから、自分に嘘をつきながら頑張って、うまくいったように思えても、そこそこの結果しか出せなくなります。

多くの人は、そこそこの結果が残せればそれでいいと思っています。ただし、それ

では、前にも述べましたが、作業的に生きることになります。

それでは、一流の人とは言えません。

なぜなら、**自分のあり方や価値基準の上に、いろいろな欲求があるから**です。

人間の欲求には、生命欲求、安全欲求、社会的欲求、承認欲求、自己実現の欲求があります。

生命欲求、安全欲求、社会的欲求、承認欲求までは、嘘をついていてもなんとか達成することができます。

しかし、本当に自分の人生を生きたい、自己実現の欲求を謳歌したいと思うと、やはり嘘で固めた自分では難しいのです。

自己実現を達成したいのなら、内観する習慣を持つことです。

一流の人は、心の状態を整えながら、自分の能力を上げて、自分のあり方や価値基準や直感を大事にして自己実現していくのです。

一流の人は、勝つためにネガティブな感情を持ってはいけない、というような発想のレベルで生きていないのです。

ネガティブさを隠そうとして、自分に嘘をついたり、誤魔化そうとしていては、目標は達成できないと知っているのです。

私が指導した人の中で、長期にわたって結果を出し続けている人は、ライフスキルを磨き続けて、使い続けてあるがままの自分で物事に向かう人なのです。

〝嘘でごまかす〟のはやめよう

コレを見つけないから苦しくなる

会社に所属すると、会社の理念を頭に入れなさい、暗記しなさいなどと言われます。

しかし、そうすることで、心を消耗させてしまい、パフォーマンスが下がることがあります。

そこで、こう考えてみてください。理念を覚えることが大事なのではなく、自分の価値基準と重なっている部分を探すことが大切だ、と。

暗記して、ただ言わされていて、理念が自分のものになっていないのなら、それには意味がありません。

だからこそ、**会社の理念を知ると同時に、自分の価値基準と共通している部分がな**

いかを探すのです。

内観して自分はどうありたいのかとか、内側に気づくということをやっていかなければなりません。

会社との雇用契約があるからと、しかたなく仕事をするから、文句を言いながら作業をこなしていくという状況に陥ってしまうのです。そうすると、パフォーマンスが上がりません。

会社だけに限りません。人間は生きている限り、どこかの組織に所属しているのが普通です。

それは、趣味のサークルだろうが、家族だろうが、その組織と自分との共通点を見つけていかないと、心が苦しくなります。

会社の意見と自分の意見が合わない、などと言ってクヨクヨしていても何も始まりません。

ちょっとしたことで会社への不満を持つ人は、自分で独立しても、会社をやめたらやめたでほかの文句を考え始めるものです。

社会と自分の〝重なり〟を見つける人は心を消耗させない

そもそも自分の人生とは何だろう、生きるとは何だろう、社会とは何だろうということを一度考えてみましょう。

自分というものとのオーバーラップがあれば、感情を乱すこともなくなるのです。

いちいちシチュエーションで分けない

仕事に向かうにしても、勉強に向かうにしても、スポーツに向かうにしても、家事に向かうにしても、そのパフォーマンスを高めるためには、心のマネジメントがカギとなります。

人には心の状態があります。これは誰にでも必ずあります。

表現方法として、表か裏かしかないのです。

表になっていると人間の機能は上がって、裏になっていると機能は下がるのです。

この単純な法則でしかないのです。

心の表現方法を私たちは、いろいろと持っています。

たとえば、平常心か心が乱れているのか。自信がある、自信がない。楽しい、楽し

くない。表現方法はたくさんあるのです。

平常心という言い方のときと、自信があるという言い方のときと、やる気があるという言い方のときと、楽しいという言い方のときと、穏やかという言い方のときと、リラックスしているという言い方のときと、様々な言い方がそれぞれのシチュエーションにおいてあります。

しかし、簡単に言ってしまえば、これらはすべて心が表であるということです。

みんなそれを、**いちいちシチュエーションで分けている**から、複雑に感じられて、心のマネジメントが難しいと考えてしまうのです。

平常心になる本、自信を持つための本、やる気を高めるための本、楽しく生きるための本、そのどれもが、私からすると心が表を向いているということの表現方法を変えているだけなのです。

だから、平常心になる方法も、自信を持つ方法も、楽しく過ごす方法も、実は心を整えるということでしかないのです。

それがわかれば、自分の心のマネジメントはもっと楽になるわけです。

平常心になりたいとか、自信を持とうとか、やる気を持とうとか、常に楽しく穏やかでいるとか、そんなことをいちいち考えなくても私はいいのではないかと本当は考えています。

分けているから大変なのです。

心の状態もいろいろな表現方法はあるけれど、方法論は裏を表にするということだ、とわかっていれば、心のマネジメントは簡単であるとわかるはずです。

そういうふうに、シンプルに考えていきましょう。

表現方法はたくさんあるけれど、心を表にすればいいだけ

そもそもいやな仕事も、つらい勉強もない

人は、物事に意味付けをしていく生き物です。

そう考えると、嫌な仕事、つらい勉強というものも実は存在しないことになります。

ただ単に、自分が、仕事に嫌だ、勉強につらいという意味を付けているだけなのです。

仕事の内容が営業だったとして、営業はセールスパーソンなら誰もがやっている仕事です。それを嫌いだと思っている人もいれば、好きな人もいるのです。

つまり、意味を付けることによって、様々な感情が生まれます。

あなたがやるべきことは、その仕事を質高く遂行することだけです。勝手に意味を付けて、仕事の質を下げるべきではありません。

意味を付けてあれこれ心を乱すくらいなら、物事と意味を切り離すという視点を持っておきましょう。

こうすることで、心の乱れがなくなります。

なぜ、仕事が嫌なのか。なぜ、勉強がつらいのか。

それは、意味を付けているからです。

まずは、意味を勝手に付けて、自分で自分の心を乱していることに気づいてください。心をフローに傾けてください。

意味を付けてノンフローになるよりも、ご機嫌なほうが、仕事がはかどる、勉強が進む、この体感を得ることのほうが大切です。

意味付けにまみれて、心を乱すのはやめましょう。

自分で嫌なことを増やしてしまうのが人間の性《さが》

本気度を高める簡単な言葉を用意する

心の状態を整えるための方法は、言葉の力を利用することです。

言葉が脳をつくり、人をつくる。

世の法則です。

つまり、人は言葉次第で、心を整えることができるのです。

脳は、出来事、環境、他人の影響によって行動をうながしていく力と、それとは関係なく心の状態を整える力を持っています。

心の状態を、言葉を通して整えることができれば、仕事も勉強もスポーツも家事も……、様々な分野でハイパフォーマンスを実現できます。

体を大事にする人は、何を食べるか、どんな運動をすればいいのかを、しっかりと考えます。体に悪い物は食べないでしょうし、体に悪いことはしないでしょう。

言葉もそれと全く同じです。

言葉は耳から入り、心に影響を与えます。

「つらい」「嫌い」「だるい」などといった言葉を頻繁《ひんぱん》に使っていれば、心はストレスを感じてしまいます。

悪い物を食べ続ければ、体を壊します。

それと同じように、悪い言葉ばかりを使っていれば、心の状態は悪くなるのです。

毎日使っている言葉が、じわじわと心に影響を与えていくのです。心が整うのも乱れるのも、自分の使う言葉次第なのです。

心の状態を乱すような言葉を使い続けて、心を弱らせてしまっては、パフォーマンスは高まりません。

とは言っても、難しく考える必要はありません。

その言葉は、自分がご機嫌になるものなら何でもいいのです。

好きな食べ物の名前でもいいですし、好きな俳優、アイドルの名前でもいいでしょう。

特に意味がある必要もありません。「あ」という言葉でいい気分になれるのなら、それでもいいのです。

どんな言葉がいいのかと、辞書を引く必要もありません。

「この言葉を聞くとなんかテンションが上がるな」「ちょっと落ちつくな」といった、軽い気持ちで見つけていけばいいのです。

自分をご機嫌にする言葉を持っている人の心は折れません。

その言葉を頭の中でつぶやいたり、実際に口に出したりすることで、心の状態を整えることができるのです。

物事に向かうときに、心の状態が乱れていたら、ぜひ、自分なりのご機嫌になれる言葉をつぶやいてみてください。

たとえば、「あ」という言葉でもいい

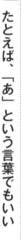

なぜ、あの人はスランプ知らずなのか？

仕事がうまくいかない、いくら頑張ってもテストの点数が上がらない、アスリートだったら調子が戻らない。

このようなスランプは、誰もが陥ることです。

しかし、やると自分で決めたことなら、イライラして、グチを言ったり、クヨクヨしていてもしかたがありません。それでは、自分の機能は上がりません。成長して、結果を得るチャンスも減るのです。

自分の機能を上げるために、自分がやれる最大のことをやるだけです。

自分のできることを一生懸命楽しんで、自分の機能を上げることでしか、スランプ

を乗り越えることはできないのです。

いろいろな思いがわき上がるでしょうが、自分のあり方を原動力にして、それでも続けていく心のマネジメントが必要です。

仕事や勉強、スポーツなど向き合うことは人それぞれですが、その物事をやることによって、自分の成長や自分のあり方を実現していけるということに気づきましょう。

「○○ができたら自分に何かご褒美をあげてやる気を高める」ということをわざわざする必要はありません。

多くの企業が従業員満足度を大事にしていて、それを上げるために、ボーナスを出したり、有給休暇を増やしたりしますが、そういう報酬ありきの頑張りは、実はやる気がなくなる理由のひとつになっています。

くじけそうになったときは、自分の成長やあり方の実現に今やっていることはつながっているという意識を持ってください。


“「自分にエサを与えて頑張る」ではなかなかうまくいかない”

第6章

自分も相手も“心がラク”になる人間関係のつくり方

他人に依存するコミュニケーションから
自分を解放してあげよう

苦手な人はどんどん減らせる脳のクセを知れば

環境に適応し、自分本来のパフォーマンスを発揮するには、いいコミュニケーションが必要です。人間関係がよくなければ、環境に適応するどころの話ではありません。この章では、人間関係について考えていきましょう。

私は仕事柄、よく人間関係についてのアドバイスを求められます。

誰にでも、苦手な人や、嫌いな人とつき合う場面が必ずあります。そのときに、心が乱れ、いいコミュニケーションが取れないということはよく起こります。

まず、考えていただきたいのは、自分が相手に意味付けを勝手にしていないかということです。他人に対しては、悪い意味付けをよくしてしまうのです。

そもそも人間に意味は付いていません。人間とは、ただの生き物です。それに、苦手だとか、嫌いという意味は本来付いていないのです。

そう考えると、嫌いな人も苦手な人も、実は勝手に自分でそのような意味を付けているだけだということに気づきます。

自分自身で相手に意味を付けて、勝手に心の状態を乱しているのです。

人間は、認知の機能が暴走しがちなので、基本的に出来事と環境、他人という三大外界要因に対して、意味付けをどんどん行なってしまいます。

まずは、嫌いな人や苦手な人という意味付けをしていることに気づくことです。そして、そもそもそんな意味が付いている人はいないのだと考えましょう。

他人と接するときに、嫌いだとか苦手だと思いながらコミュニケーションを取ることが問題です。人と接するときに、どんな心の状態で接するのか、これに意識を向けるべきです。どんな人と接するにしても、自分の心の状態まで相手に引きずられることはありません。どんな人と接するときも、ご機嫌に接すれば最適なコミュニケーションは取れるのです。

相手と意味は切り離すべきです。

こう考えようとみなさんにアドバイスをすると、気が楽になったとおっしゃる方が多くいます。

人は、人間関係がうまくいっていない人がいると、その解決策を外側に求めてしまいます。

しかし、人間関係はそんなに簡単に解決できるものではありません。なぜなら、他人はコントロールできないからです。

コントロールできるのは、自分自身の心の状態のみです。

私は解決策よりは、自分の心の状態を整えることに注目するべきだと考えています。

これならコントロールできない相手に依存することなく、自分自身で質の高いコミュニケーションを取ることが可能になるからです。


“他人への意味付けに気づけなければ、いいコミュニケーションはできない”

クヨクヨ、イライラは、なぜ起こるのか？

いい人間関係を築くための大前提となることがあります。

それは、相手への期待に気づくということです。

他人に期待するから、心が乱れるのです。

期待するとは、自分勝手な考え方だとしか言いようがありません。

この考え方は、様々な妄想を引き起こし、あなたのコミュニケーション能力を引き下げてしまいます。

「こうなってほしいな」

「こうしてほしいな」

こういった都合のいい考え方は、不安などの感情を巻き起こします。

なぜなら、期待した時点で、期待通りにいかなかったらどうしようという恐れが生まれるからです。

また、期待は不安や恐れだけではなく、他者への怒りまで生み出してしまいます。

「なんで期待通りにやってくれないんだ！」

こうなってしまっては、心はどんどん乱れていきます。

もっと悪いこともあります。期待していることが伝われば、**相手もプレッシャーで心の状態を乱してしまう**のです。

感情が乱れた者同士でコミュニケーションを取ったところで、いい人間関係が築けるはずがありません。

他人に対する期待に気づく、これは相手のためにも自分のためにも大切な考え方なのです。

期待していることに気づき、手放す

孤独を恐れる必要はない

日本人は、帰属意識が強いように思います。何かしらの組織に所属することで安心するという人は少なくありません。

確かに、人間は群れになることで、危機をしのいできた一面があります。人は、何かに所属したい、誰かとつながっていたい生き物でもあるのです。

しかし、帰属意識が強すぎると、ノンフローのリスクを負います。

帰属することへの強い願望は、他者とのつながりを失うことへの強い恐怖心を生み、感情にふり回されてしまうのです。

人は、孤独になることを極端に恐れます。

最近のＳＮＳの盛り上がり方を見ていても、それは実感できるはずです。

適度な帰属意識は必要ですが、関係が切られることへの恐怖が巻き起こるほど強く人や組織とつながりたいと考えるのは問題です。

他者や組織に依存することでしか喜びや幸せを感じられなくなれば、自分で心の状態を整えられなくなるので、リスキーだとしか言いようがありません。

「自分の幸せは自分で決める」

この意識は常に持っておくべきです。

そうすれば、孤独への不安や恐怖も消えていくのです。

自分の幸せを自分で決められない人は心のリスクを負う

自分のために他人を応援してみる

人間関係の解決策を考え行動しようとするのは、脳の認知機能の役割です。心の状態を無視して認知機能だけで解決策を考えてしまえば、心の状態が乱れたままで脳機能全体のレベルが落ちますので、コミュニケーション力も下がってしまいます。

心は表か裏かしかなくて、これが裏を向いているときは機能が下がっているから、対人関係のパフォーマンスは全体的に下がっているわけです。

でも、相手はコントロールできないので、それ対してどうするかと言えば自分の心の状態を整えて接する以外に方法はないのです。

多くの人は人間関係のテクニックを学び、○○というタイプの人とどうつき合えば

いいのか、こういう嫌な奴がいるからどう対応したらいいのか、という視点でコミュニケーションの円滑化を図ろうとします。
「本当はあの人は、いい人だ」などと無理やり自分に言い聞かせてポジティブシンキングで意味付けをしていって、心を整えようとするわけですが、これはなかなか難しいことです。

いい奴だと思い込めば、心の状態はよくなるというように人間は単純にできていません。

嫌だと思っているのに、無理やり意味を付けていい関係をつくろうとするから、心がいつの間にか消耗してしまうのです。

コミュニケーションはそういったアプローチをするより、自分の心の状態を整えて接する。これでいいのです。

そもそも嫌だとか苦手という人はいないし、それは自分が付けただけだなと気づければ心はフローに向かうのです。

そうやって、コミュニケーションを行なっていったほうが、対人関係のパフォーマ

ンスはうまくいきます。

他人を変えるより、自分を変える。

そこで、理屈抜きで「ただただ人を応援してみる」と考えてみてください。

こう考えることで、心はフローに傾きます。**応援するということは、いい感情を生み出します。**

他人の言動はコントロールできませんが、他人を応援するということは自分で決めてしまえばできることで、心がゆらぐことがないからです。

他人はコントロールできませんが、自分の心は確実にマネジメントすることができるのです。

認知で考えた人間関係の解決策はもろい

緊張する人と堂々と接するには？

社長、上司、先輩……。

あなたにも、接すると緊張するような人がひとりはいると思います。

適度の緊張はいいのですが、あまりにも過剰に緊張をしてしまうと、パフォーマンスが落ちるのはあなたも経験的におわかりでしょう。

こういう場合は原点に立ち返りましょう。

「この人には緊張するな」という感情に気づく。

そして、この人には自分が緊張するという意味を付けているだけで、緊張するとい

う人はそもそもいないと考えるのです。

誰にでも接するときに緊張してしまう人がいます。

しかし、緊張する人にはどう接したらいいのかとか、平常心を保つにはどうしたらいいのかとか、自信を持って接するにはどうすればいいのか、ということを気にする必要はないのです。

どんなときも、自分の心の状態を整えるだけです。

「やるべきことに集中する」という基本に立ち返ってみましょう。

いろいろ気にせず、気づきで乗り切る！

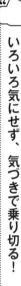

エクセレントチームをつくる3つの要素

仕事でも、家庭でも、チームワークは大切です。

一般的に、チームの構成要素というのは3つあります。「個人」と「関係性」と「全体性」です。

個人なきチームはなく、関係性なきチームはなく、全体性なきチームはないのです。

構成員が2人でもそれはチームです。2人の関係性があって、全体性としてミッションがあります。

個人の自立、関係に信頼、全体の共有があるチームはうまくいきます。

自立というのは何かと言うと、**自己責任を果たす**ということです。

では、自己責任を果たすというのは一体どういうことなのでしょうか。

人間のパフォーマンスは2つで構成されているというお話はしました。何をするかということと、それをどんな心でやるかというので構成されています。自己責任を果たすというのは、この2つに責任を持つことです。

私が原稿を書くこと、編集者がしっかり原稿を整理する、ということがチームの一員としての責任です。

そして、それをご機嫌にやる、少なくとも心を整えてその仕事を遂行していくということです。

自己責任のある個人がそろえば信頼が生まれ、そのような個人はさらに積極的に目標を共有していくはずです。これがエクセレントチームなのです。

共有とは、たとえばこの本の制作チームで言えば、質の高い本を書く、期日が守られないといけない、といったような目標や、ビジョン、理念、志、思い、愛、ルール……などです。

自己責任を果たす、すなわち、やるべきことをご機嫌でやるからこそ、人は信頼し

てくれるのです。

私が適当にしか原稿を書かないとか、編集者が適当にしか原稿を整理しないということでは、信頼関係がお互いに生まれませんのでエクセレントチームになることは難しいのです。

自立と信頼と共有があってエクセレントチームができ上がります。そのすべての始まりは自分のパフォーマンスをしっかり出すということです。

すなわち、個人がやるべきことをやるという認知の力と、心を整えるというライフスキルを持っていることが、すばらしい一体感のあるチームをつくるベースとなります。

すばらしいチームの条件は、「自立」と「信頼」と「共有」である

チーム内での信頼関係のつくり方

どうすればチームのメンバーに信頼されるのでしょうか。それは、やるべきことをご機嫌でやっていくことです。「信頼してほしい」というようなことを考えながら、行動してはいけません。

やるべきことをやらずに不機嫌な人を、人は信頼できないのです。やるべきことを、心を整えてやっていれば、人から必ず信頼されます。

また、共有するもののひとつに使命があります。

目標だけを共有する組織もあれば、あり方まで共有する組織があります。あり方まで共有されていればそれは理想的です。少なくとも、自立とは自己中心的であるとい

うことではないので、必要なものを共有することが大切です。

組織に入ったからには、自分の意思でそのチームに所属しているのですから、そこにあるものを共有するという責任があるのです。

さらに、チームに入ったらそのチームのルールを自分で積極的に守るということをするのです。

それを守らされている感覚ではなく、フローで守っていくということをやっていけばチームはうまく回り出します。

自立する個人になれれば、共有は増えるし、信頼は生まれるというのが私の考えです。

だから、信頼をされるためにどうしたらいいのかとか、信頼されなくてはとか、共有しなくては、とあれこれ考えるよりも、あなたが自己責任を果たすことができれば、自ずとエクセレントチームができ上がるのです。すなわち、ライフスキルを磨き、自分で自分の心を整えること。

そうすれば、チームメンバーから、信頼は得られるのです。

チームに入っているのだから共有するのです。もしそれが嫌ならチームから抜けるべきです。チームワークを乱すことになるのですから。

そして、心を整えるということを忘れないこと。

いつも不機嫌だと、やるべきことが質高くできなくなるからです。

やるべきことを無理やり頑張っているけれど、すごくストレスを抱えているということであれば、いいチームはでき上がりません。

だから、個人の心がゆらぎとらわれたノンフローではいけません。エクセレントチームをつくるには全員が自己責任で自分の心の状態をフローにすることが大切なのです。

そうすることで、メンバー同士の信頼関係が築かれていき、エクセレントチームができ上がるのです。

まずは、自己責任を果たす

できるリーダーの2つの力は誰でも育てられる

私は誰もがリーダー的な人間になれると信じています。それは、リーダーの地位があるとか、そういったことは関係ありません。

一流と呼ばれる人は、みなリーダーシップを育てています。

リーダーの条件は、他人のパフォーマンスを向上させることができる人のことです。

そう考えると、何をしなくてはいけないかを指示できて、心の状態を重んじ整える、支援ができる人のことです。

指示と支援のバランスがいいことが大切です。

指示とは、やるべきことの内容を明確に伝えることです。これは、明確に厳しく、

具体的にできることが大切です。

一方、支援力のある人とはどういう人なのかというと、自分がご機嫌で物事を行ない、そして周りの人をフローに導くように声掛けができる人です。

つまり、仲間の裏返っている心を表にしてあげられる人のことです。

リーダーの条件をまとめると、指示と支援のバランスがよく、支援のために自分がご機嫌でいること、よい声掛けができること、そして、コーチ力があることになります。

コーチ力とは、人はこうされるとノンフローになり、こうされるとフローになるということがわかっていて、心をフローに導くようなことをしてあげることです。

昔から日本では、自分がしてほしいことを人にしてあげるという道徳観があります。

支援力が高い人は、他人を応援してあげる人です。

応援をすることで、相手も自分自身の心もフローになるからです。

あなたの家族が何かを頑張っているとします。そのときに、あなたは応援したくなりませんか。応援したら、気持ちがよくなりませんか。

誰もが応援することで、いい感情を生むことができるということです。

指示と支援というやるべきことをやりながら、自分の心をご機嫌にしていくということがリーダーの自己責任であり、自立です。

こういうリーダーがいないと、チームはエクセレントになりません。

繰り返しますが、リーダーのするべきことは指示と支援です。

それさえできていれば、リーダーシップは誰にでも取れるのです。

現代では、地位に関係なくリーダーシップを取れる人こそが、一流の条件です。

どの企業でもそのような人材を望み、求めています。

リーダーシップは誰もが持てる一流の条件

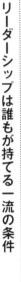

やっぱり他人に依存しないことが大切

人間関係のテクニックとして、**「相手のいいところを見つけよう」**とよく言われます。確かに悪いところを見るよりは、いいところを見るべきです。

しかし、自分に嘘をついてまで、そうする必要はありません。

これも大きく捉えれば、ポジティブシンキングだと言えますので、自分の中に違和感を抱えながらコミュニケーションを行なうことになるので、自分の心はいつも苦しくなるのです。

いいイメージを持っていない人に対して、「この人からは学ぶところがあるはずだ」「この人にもいいところがあるはずだ」「この関係はチャンスだ、自分の人生にとって

いいことなんだ」と思い込んでコミュニケーションを取るというのはよくありません。

これは結局、他人にとらわれています。

相手に意味を付けて、コミュニケーションを改善しようとしているので、心が整いにくくなるだけです。

人間関係の秘訣は、もっとシンプルに考えていいのです。

重要なので繰り返しますが、どんな人と接するときも、自分の心の状態を整えて接する。こうすれば、心に余裕ができるので、相手の話を聞いてあげることも、親切に接することもできるので、自然といい関係ができていくのです。

多くの人が、対人関係におけるソリューションを考え、あらゆる対策をするという、認知機能の暴走の中でコミュニケーションを成功させようとしてしまいます。

いろいろと対策を考えても、なかなか人間関係はうまくいきません。コミュニケーションが自分だけで完結するものならそれでもいいのですが、人間関係は常に相手があるものです。

コントロールできないことに力を注いでも、心の状態は不安定になるだけです。

いろいろと解決策を考えようとするのも理解できますが、そんなことより、まず自分の心をご機嫌にしてから相手とコミュニケーションを取るということを考えていきましょう。

自分だけで完結できないのがコミュニケーション

心のために〝理屈抜き〟で受け入れてみる

人間関係で私が最も大切だと思うことは、あなたが心に余裕を持つことです。

余裕を持つとは、相手をただただ受け入れてあげるということです。

「相手に対してどんな接し方をしようか」と考えるよりは、ご機嫌な気分で受け入れるくらいの器の大きさを持って接するほうが、はるかにいい方法だということです。

もう一度よく考えてみてください。嫌な相手と接することで心が乱れるのは、何が問題なのでしょうか。自分が嫌だと思っていることが問題なのです。

そう考えれば、自分の心の状態さえ整っていれば、別に相手によってパフォーマンスが落ちることはないのです。

パフォーマンスがよければ、その関係はよいものになっていきます。

いろいろと人間関係のテクニックを学ぶよりも、こう考えることで根本的に人間関係は解決の方向に向かいます。

相手が嫌な人だということが問題なのではなく、自分が嫌だと考えて、心の状態を乱してパフォーマンスを落とすことで、コミュニケーションはうまくいかなくなるのです。

ライフスキルで、心の状態を整えることができれば、どんな人とでもうまくつき合えます。

コミュニケーションのベースは、あなたの心の状態を整えて人と接することなのです。

多くの人は、相手によっていろいろとアプローチ法を変えようとするから、複雑なコミュニケーションをしてしまい、心を消耗させてしまいます。

この人にはこういうふうに、あの人にはああいうふうに接する、こうやって難しいことをやるから苦しくなるのです。

人間関係の秘訣は、相手を受け入れてあげられる心の余裕を持つこと。
まずは、自分の心を整えて相手と接してみることです。**相手を否定せず、全部そのまま受け入れてあげてみるのもひとつの手**です。

相手によってアプローチを変える必要はない

特別付録

見るだけで心が整う10の言葉

感情にふり回されそうになったら、この言葉をながめてみよう

本書の付録として、
眺めるだけで心の状態を整えることができる10の言葉をご紹介します。
感情が乱れたとき、心がくじけそうなとき、
好きなページを開いて、気楽に見てください。
きっと、あなたを支えてくれます。
私の20年間のメンタルサポート人生から導き出した、
心を整える言葉の数々です。
心がフッと軽くなることを実感してください。
必ず心がフローに傾きます。

1

1日前ははるか昔

2

1日には、8万6400回も気分を切り替えるチャンスがある

3

限界も悩みも、
すべて自分がつくる
〝ただの妄想〟である

4

〝大変な〟仕事も人間関係も、この世にはない

5

今の自分を
無条件に
受け入れていい

6

自分には自分の心の状態を決める権利がある

7

常に〝主役は自分〟

8

ただただ〝ありがたい〟と考えてみる

9

自分を愛し、
自分を許してあげる

10

何事も楽しんでいい！
プレイビジネス！
プレイライフ！

Epilogue

おわりに

本書を最後までお読みいただき、ありがとうございます。

心の存在と価値、このことが最も本書で申し上げたかったことです。

心は見えにくいですし、触れることもできないので、その存在や価値を自分事にするのは簡単なことではありません。

少しでも心の存在や価値が、人生の質に大きく関わるのだということに気づいていただければ、本書を書いたかいがあります。

また、心の状態をパフォーマンスと関連づけるのが、スポーツドクターとしての私のオリジナリティでもあります。

〝どんな人の〟〝どんなときの〟パフォーマンスも、「何を、どんな心で実行するのか」で質が決まります。そこには例外がありません。

自分のパフォーマンス、すなわち生きるということ。それは、人生でもあります。

そのすべてに心の状態が関わっているのです。

感情のマネジメントとは自分のマネジメントであり、人生のマネジメントでもあります。すなわち、本書『感情にふり回されないコツ』とは、人生のための書と言っても過言ではありません。

このコツとは脳の習慣です。それは、思考の習慣でもあります。

思考習慣こそが自分の内部環境を整え、自分の人生を豊かにしているのです。そんな数々の思考習慣を本書では紹介しました。習慣化するためには、継続的に繰り返していくしかありません。

思考のヒントをみなさんにお伝えするのは私の仕事ですが、繰り返して習慣化するのはみなさん自身の仕事になります。

やり続けていただければ、必ず自分のものになります。難しいことではありません。習慣化される自分を楽しみにして、信じて実践してください。応援しています。

平成27年11月吉日

辻秀一

【著者プロフィール】

辻　秀一（つじ・しゅういち）

メンタルトレーニング専門のドクター
株式会社エミネクロス代表　www.doctor-tsuji.com
1961年東京都生まれ。北海道大学医学部卒、慶應義塾大学病院内科、慶應義塾大学スポーツ医学研究センターを経て独立し、現在に至る。

心の状態が与えるパフォーマンスの質についての20年間の経験・実績を基に、ビジネスパーソン、アスリート、芸術家……など、幅広い層にメンタルトレーニングの指導を行なう。

応用スポーツ心理学とフロー理論を基にしたメンタルトレーニングによるパフォーマンス向上を専門として活躍中。活動ミッションの柱は「ジャパンご機嫌プロジェクト」と「スポーツを文化にする社会活動」。

セミナー・講演活動は年間200回以上に及ぶ。また、「人間力ワークショップ」は、経営者、アスリート、音楽家、主婦、OL、教員など、日本はもとより海外からの参加者もいるほどの人気を博している。

メーカー、サービス、商社、製薬、コンサルティング会社などの企業や監査法人、そして、社会人実業団、プロスポーツチーム、大学スポーツチーム、オリンピック選手、プロ野球選手、プロテニスプレーヤー、Jリーガー、プロゴルファーなどのアスリートを継続的にサポートしている。

著書の累計は65万部を突破。大ベストセラー『スラムダンク勝利学』（集英社）、『ゾーンに入る技術』『禅脳思考』（ともにフォレスト出版）、『自分を「ごきげん」にする方法』（サンマーク出版）、『ハイパフォーマーは知っている恐怖に負けない技術』（かんき出版）、『応援思考』（清流出版）など著書多数。

感情にふり回されないコツ

2015年12月1日　初版発行

著　者　辻　秀一
発行者　太田　宏
発行所　フォレスト出版株式会社
〒162-0824　東京都新宿区揚場町2-18　白宝ビル5F
電話　03-5229-5750（営業）
03-5229-5757（編集）
URL　http://www.forestpub.co.jp

印刷・製本　日経印刷株式会社

ISBN 978-4-89451-691-5　Printed in Japan